neue frau
herausgegeben von Angela Praesent
und Gisela Krahl

Alice Walker

IHRE BRAUNE UMARMUNG

*Aus den Gesammelten Gedichten
1965–1990*

Band II

Englisch–Deutsch

Rowohlt

Die Originalausgabe erschien unter dem Titel
«Her Blue Body Everything We Know»
1991 bei Harcourt Brace Jovanovisch,
Publishers, Orlando, Florida
Umschlaggestaltung Nina Rothfos unter Verwendung
einer Illustration von Barbara Hanke
Deutsch von Gerhard Döhler
Deutsche Erstausgabe

Veröffentlicht im Rowohlt Taschenbuch Verlag GmbH
Reinbek bei Hamburg, Januar 1995
Copyright © 1995 by Rowohlt Taschenbuch Verlag GmbH,
Reinbek bei Hamburg
«Her Blue Body Everything We Know»
Copyright © 1991, 1984, 1983, 1981, 1980, 1979, 1977,
1975, 1973, 1972, 1970, 1968 by Alice Walker
Gesetzt aus der Palatino/Walbaum (Linotronic 500)
Gesamtherstellung Clausen & Bosse, Leck
Printed in Germany
1490-ISBN 3 499 13529 9

GUTE NACHT,
WILLIE LEE,
ICH SEH DICH
MORGEN FRÜH

VORWORT

Während der sechziger Jahre erschütterte mich die Er-
mordung so vieler Menschen, die ich geliebt hatte, und
die sich daraus ergebende innere Häßlichkeit jener, die
einmal so schön gewesen waren. In den frühen siebziger
Jahren starb mein Vater. Meine Ehe war 1975 beendet.
Es war eine Zeit bloßen Durchhaltens, in der ich spürte,
daß ich mich veränderte, ohne immer zu wissen, wie und
warum. Die folgenden Gedichte sind die des Zusammen-
bruchs und der spirituellen Verwirrung, die mich schließ-
lich zu einem besseren Verständnis der Psyche und der
Welt führten. Als ich erkannte, daß ich nicht nur die Fä-
higkeit zur Veränderung, sondern auch zum Verzeihen
besaß, und annehmen konnte, daß auch andere sie besa-
ßen, war meine jahrelange Phase der Klage beendet.
Denn die Veränderung der eigenen Person und die Fä-
higkeit, sich und anderen zu verzeihen, macht uns frei für
die kommende Begegnung.

Ein junges romantisches Mädchen, das schon immer schicklich seine geheimste Überzeugung verschwiegen hatte (daß ihr eigenes Volk den Löwenanteil an Schönheit und Güte auf der Welt besaß), erkannte vor vielen Jahren, daß das Ende ihres Volkes nicht mehr fern war, und machte sich auf den Weg zum LETZTEN LAND. Dort wollte sie die süßsalzigen Schweißtropfen – der Preis der Güte und Schönheit ihres Volkes – von den schnell erstarrenden Gesichtern einsammeln.

Geleitet vom Wunsch, wenigstens zu beobachten, was nicht zu verhindern war, erwartete sie, das Ende der schwitzenden Schönheit zu sehen – und sie sah es.

Wo sie auch hinkam, entdeckte sie, daß frühere, weniger ehrfürchtige Besucher als sie (denn sie waren mit Kugeln und Haß gekommen), die warmen, runden Gesichter, die sie gern gesehen hätte, mit eisig und flach gemacht hatten. Vielleicht war hier und dort ein Gesicht davon verschont geblieben, und sie war davon entzückt. Dann preßte sie es schnell in ihr großes Notizbuch und zahlte mit Tränen für ihren Diebstahl.

Doch das waren die Gesichter der Alten, jener, die bald tot sein würden.

Sie wurde ziemlich mutlos.

Aber dann hörte sie von einem Mann, den niemand beschreiben konnte, ohne vorauszuschicken: «Also, das war ein friedlicher Mann…»

Da schöpfte ihr sinkendes Herz neue Hoffnung, und sie begann ihn zu suchen.

In den Feldern, unter den Bäumen, in kleinen Dorfläden, in den schäbigen, neuen Schulen, in denen die Kinder des Volkes sich aufhielten.

Selbst direkt unter der Nase derer, die täglich Menschen zum Erstarren brachten, suchte sie.

Aber sie fand ihn nicht.

Die Leute erzählten: «Der friedliche Mann hat immer gesagt: ‹Laßt das Volk entscheiden.›» Und obwohl es einigen von ihnen als nicht sehr revolutionär erschien, pflegte er sich mit den Leuten eines Dorfs, die Nähmaschinen benutzen wollten, hinzusetzen und gemeinsam mit ihnen zu nähen. Wenn sie Rippchen zubereiten wollten, säuberte er die Töpfe. Wenn sie marschieren wollten, schloß er sich an.

Wenn er etwas gefragt wurde (denn sie hielten ihn für weise, obwohl er auf den besten Schulen der Weißen gewesen war), erwiderte er nur: «Laßt das Volk entscheiden.»

«Oh, er war ein friedlicher Mann», erzählten sie dem romantischen jungen Mädchen, «und er liebte die Frauen nicht nur, um sich zu ihnen zu legen, sondern er stand ihnen auch bei, wenn es sonst keiner tat. Ein friedlicher junger Mann. In seiner Gesellschaft konnte eine Frau sprechen. Ein Mann konnte ihm die Hand auf die Schulter legen und laut sein Herz ausschütten, damit es geprüft würde.»

Zufällig sehnte sich das Herz des romantischen jungen Mädchens genau nach dieser Erfahrung.

Aber sie fand ihn nie.

Er war aus diesem Land verschwunden, schon bevor sie mit ihrer Suche begonnen hatte. Er habe seinen Namen geändert, sagten sie; den seiner Mutter angenommen. Sei in das ferne Land seiner Mutter zurückgekehrt, nach Afrika.

Das junge romantische Mädchen sah nie sein Gesicht, hörte nie seine Stimme, fühlte ihn nie neben sich stehen, und dennoch beruhigte es sie, daß er irgendwo sein mußte.

Er wurde zur Erinnerung an jemanden, den sie nie gekannt hatte, zu einem großen Maßstab.

Und vielleicht hatte ihn überhaupt niemand gekannt. Vielleicht gab es ihn gar nicht. Vielleicht erfand das Volk den friedlichen Mann, weil es ihn brauchte. Vielleicht war er ein Betrüger, falls es ihn gab, falls er existierte. Wie so viele Leute.

Aber sie beschließt, an nichts anderes zu glauben, als daß es ihn doch gibt, und widmet ihm dieses Buch, wo immer in der Welt er auch ist…

…und meinen Brüdern: Fred, William, James, Robert und Curtis

(und meiner Freundin Gloria)

…und dem Gedenken an die strahlenden Augen unseres Vaters.

BEKENNTNIS

DID THIS HAPPEN TO YOUR MOTHER?
DID YOUR SISTER THROW UP A LOT?

I love a man who ist not worth
my love.
Did this happen to your mother?
Did your grandmother wake up
for no good reason
in the middle of the night?

I thought love could be controlled.
It cannot.
Only behavior can be controlled.
By biting your tongue purple
rather than speak.
Mauling your lips.
Obliterating his number
too thoroughly
to be able to phone.

Love has made me sick.

Did your sister throw up a lot?
Did your Cousin complain
of a painful knot
in her back?

IST DAS DEINER MUTTER AUCH PASSIERT?
HAT DEINE SCHWESTER SICH OFT ERBROCHEN?

Ich liebe einen Mann, der meine
Liebe nicht verdient.
Ist das deiner Mutter auch passiert?
Ist deine Großmutter
grundlos aufgewacht
mitten in der Nacht?

Ich dachte, Liebe könnte man beherrschen.
Kann man nicht.
Nur Verhalten ist beherrschbar.
Indem du dir eher die Zunge blau beißt
bevor du sprichst.
Deine Lippen verschandelst.
Seine Nummer zu gründlich
durchstreichst
um ihn noch anrufen zu können.

Liebe hat mich krank gemacht.

Hat sich deine Schwester oft erbrochen?
Deine Cousine viel
über einen schmerzenden Knoten
im Rücken geklagt?

Did your aunt always
seem to have something else
troubling her mind?

I thought love would adapt itself
to my needs.
But needs grow too fast;
they come up like weeds.
Through cracks in the conversation.
Through silences in the dark.
Through everything you thought was concrete.

Such needful love has to be chopped out
or forced to wilt back,
poisoned by disapproval
from its own soil.

This is bad news, for the conservationist.

My hand shakes before this killing.
My stomach sits jumpy in my chest.
My chest is the Grand Canyon
sprawled empty
over the world.

Whoever he is, he is not worth all this.
Don't you agree?

And I will never
unclench my teeth long enough
to tell him so.

War deine Tante anscheinend
immer bei etwas
beunruhigendem anderen?

Ich dachte, die Liebe würde sich
meinen Bedürfnissen anpassen.
Aber die Bedürfnisse wachsen zu schnell;
sie sprießen wie Unkraut.
Aus Rissen im Gespräch.
Aus Pausen des Schweigens im Dunkeln.
Aus allem, wovon du geglaubt hast, es sei fest.

Eine so bedürftige Liebe muß man heraushacken
oder zum Welken zwingen
vergiftet durch den Tadel
des Bodens, in dem sie wächst.

Böse Nachricht für den Naturfreund.

Meine Hand bebt vor diesem Mord.
Der Magen hockt mir flatternd in der Brust.
Meine Brust ist der Grand Canyon
der breit und leer
die Welt durchzieht.

Wer er auch ist, das alles hat er nicht verdient.
Findest du nicht auch?

Und nie werde ich
lange genug den Kiefer lockern
um ihm das zu sagen.

MORE LOVE TO HIS LIFE

Though I at the time, had no one
and furthermore was dutifully told
how much he loved his wife,
he feared, he said,
I would reject him.
And so, the burden of adding more love
to his life
fell on me.

How could I refuse?
He needed the love of everyone.
He needed to understand this
though it did violence,
as they say,
to my heart.
Having no rights. No claims
to make, I could not even coherently
protest.

My heart, however, sent out darts
and messages
like red flags:
You are sending me away!
Stop! You are hurting me!

MEHR LIEBE FÜR SEIN LEBEN

Obwohl ich damals niemanden hatte
außerdem ordnungsgemäß davon unterrichtet war
wie sehr er seine Frau liebte,
fürchtete er, wie er sagte,
ich würde ihn verstoßen.
Und so fiel mir die Bürde zu
sein Leben
mit noch mehr Liebe auszustatten.

Wie das ablehnen?
Er brauchte die Liebe aller.
Das mußte ich verstehen
obwohl es meinem Herzen
wie man so sagt
Gewalt antat.
Ohne Rechte. Ohne einen Anspruch
konnte ich nicht einmal
verständlich protestieren.

Mein Schatz indessen sandte Pfeile
und Botschaften
wie rote Fahnen:
Du schickst mich weg!
Halt! Du tust mir weh!

I love you more than anything
in my life!

But I laughed, over the phone,
as it occurred to me
that perhaps *he* was comic
instead of myself.

Ich liebe dich mehr als alles
in meinem Leben!

Aber ich lachte am Telefon
als mir der Gedanke kam
vielleicht sei *er* komisch
und nicht ich.

GIFT

He said: Here is my soul.
I did not want his soul
but I am a Southerner
and very polite.
I took it lightly
as it was offered. But did not
chain it down.
I loved it and tended
it. I would hand it back
as good as new.

He said: How dare you want
my soul! Give it back!
How greedy you are!
It is a trait
I had not noticed
before!

I said: But your soul
never left you. It was only
a heavy thought from
your childhood
passed to me for safekeeping.

GESCHENK

Er sagte: Hier ist meine Seele.
Ich wollte seine Seele nicht
aber ich bin aus den Südstaaten
und sehr höflich.
Ich nahm sie so leichthin
wie sie dargeboten wurde. Legte sie aber
nicht an die Kette.
Ich liebte und pflegte
sie. Ich würde sie so gut
wie neu zurückgeben.

Er sagte: Wie kannst du es wagen
meine Seele zu wollen! Gib sie zurück!
Wie habsüchtig du bist!
Diesen Charakterzug
habe ich früher
nicht bemerkt!

Ich sagte: Aber deine Seele
hat dich nie verlassen. Nur ein
wichtiger Gedanke aus
deiner Kindheit ist
zum Aufbewahren auf mich übergegangen.

But he never believed me.
Until the end
he called me possessive
and held his soul
so tightly
it shrank
to fit his hand.

Aber er hat mir nie geglaubt.
Bis zum Schluß
nannte er mich besitzwütig
und hielt seine Seele
so fest
daß sie schrumpfte
bis sie in seine Hand paßte.

NEVER OFFER YOUR HEART TO SOMEONE WHO EATS HEARTS

Never offer your heart
to someone who eats hearts
who finds heartmeat
delicious
but not rare
who sucks the juices
drop by drop
and bloody-chinned
grins
like a God.

Never offer your heart
to a heart gravy lover.
Your stewed, overseasoned
heart consumed
he will sop up your grief
with bread
and send it shuttling
from side to side
in his mouth
like bubblegum.

BIETE DEIN HERZ NIE EINEM AN,
DER HERZEN VERZEHRT

Biete dein Herz nie
einem an, der Herzen verzehrt
der Herzfleisch
köstlich findet
aber leicht zu finden
der die Säfte saugt
Tropfen für Tropfen
und blutverschmiert
grinst
wie ein Gott.

Biete dein Herz nie
einem Liebhaber von Herz in Sauce an.
Hat er dein geschmortes, überwürztes
Herz verspeist
wird er in deinen Kummer
Brot
tunken und
es im Mund
hin- und herschieben
wie Kaugummi.

If you find yourself
in love
with a person
who eats hearts
these things
you must do:

Freeze your heart
immediately.
Let him – next time
he examines your chest –
find your heart cold
flinty and unappetizing.

Refrain from kissing
lest he in revenge
dampen the spark
in your soul.

Now,
sail away to Africa
where holy women
await you on the shore –
long having practiced the art
of replacing hearts
with God
and Song.

Wenn du merkst
daß du einen liebst
der Herzen verzehrt
mußt du
folgendes tun:

Friere dein Herz
augenblicklich ein.
Laß ihn – wenn er das nächste Mal
deine Brust erforscht –
dein Herz kalt finden
steinhart und unappetitlich.

Hüte dich vor Küssen
damit er nicht aus Rache
den Funken in deiner Seele
löscht.

Und nun
segle nach Afrika
wo heilige Frauen
dich an der Küste erwarten –
seit langem in der Kunst erfahren
durch Gott
und Gesang
Herzen wiederherzustellen.

MY HUSBAND SAYS

My husband says
this shortness of breath
and feeling of falling down a well I suffer
in the half-life I share
with my lover
will soon cease to plague me.
That love, like war,
escalates
each side raising its demands
for what it wants
as emotions rise
higher and higher
and what was unthought of in the beginning
becomes the inevitable result.

«Soon you will write
you can not live without him
no matter that he has a wife.
He will tell you
the 1,000 miles separating you
is crushing to his soul.
As for me,
I love no one now
except you.

MEIN MANN SAGT

Mein Mann sagt
diese Kurzatmigkeit
und das Gefühl in einen Schacht zu stürzen
unter denen ich in dem Halbleben
mit meinem Liebhaber leide
werden mich bald nicht mehr quälen.
Daß Liebe, wie der Krieg,
eskaliert
und jede Seite
ihre Forderungen erhöht
während die Emotionen
höher und höher steigen
und was anfangs undenkbar war
zum unvermeidlichen Ergebnis wird.

«Bald wirst du schreiben
daß du nicht ohne ihn leben kannst
egal ob er verheiratet ist.
Er wird dir sagen
auf den tausend Meilen zwischen euch
stürzt seine Seele ab.
Was mich angeht,
so liebe ich zur Zeit niemanden
außer dir.

But if I am ever asked
in your presence
if this is true,
please don't take offense
at the vehemence
of my negative
reply.»

Sollte man mich aber jemals fragen
in deiner Gegenwart
ob das die Wahrheit ist,
nimm bitte keinen Anstoß
wenn ich
heftig
verneine.»

HE SAID:

He said: I want you to be happy.
He said: I love you so.
Then he was gone.
For two days I was happy.
For two days, he loved me so.
After that, I was on my own.

ER SAGTE:

Er sagte: Ich möchte, daß du glücklich bist.
Er sagte: Ich liebe dich so sehr.
Dann war er fort.
Zwei Tage war ich glücklich.
Zwei Tage lang liebte er mich so sehr.
Danach war ich auf mich gestellt.

THE LAST TIME

The last time
I was afflicted by love
I murdered the man.
But that was in an earlier century
another country
a hotter climate
and death proved him
a foreign transient
like any other.

DAS LETZTE MAL

Als ich das letzte Mal
an Liebe litt
habe ich den Mann getötet.
Aber das war in einem früheren Jahrhundert
in einem anderen Land
einem heißeren Klima
und sein Tod bewies
daß er ein durchreisender Fremder gewesen war
wie alle anderen.

AT FIRST

At first I did not fight it.
I *loved* the suffering.
It was being alive!
I felt my heart pump the blood
that splashed my insides
with red flowers;
I savored my grief
like chilled wine.

I did not know my life
was being shredded
by an expert.

It was my friend Gloria
who saved me. Whose glance said «Really,
you've got to be kidding. Other
women have already done this
sort of suffering for you,
or so I thought.»

ANFANGS

Anfangs kämpfte ich dagegen.
Ich *liebte* das Leiden.
Es hieß, lebendig zu sein!
Ich fühlte mein Herz das Blut pumpen
das mich im Inneren
mit roten Blumen sprenkelte;
Ich genoß meinen Schmerz
wie gekühlten Wein.

Ich wußte nicht, daß mein Leben
von einem Experten
zerfetzt wurde.

Gerettet hat mich meine Freundin
Gloria. Deren Blicke sagten: «Das ist doch
nicht dein Ernst! Andere
Frauen haben diese Art von Leiden
schon für dich durchgemacht.
Dachte ich zumindest.»

ÜBER
DAS ABSCHÄLEN
MEINER RINDE...

MOODY

I am a moody woman
my temper as black as my brows
as sharp as my nails
as impartial as a flood
that is seeking, seeking, seeking
always
somewhere to stop.

LAUNISCH

Ich bin eine launische Frau
mit einem Zorn so schwarz wie meine Brauen
so scharf wie meine Nägel
und so gerecht wie eine Flut
die sucht und sucht und
immer weiter
nach einem Hindernis sucht.

ON STRIPPING BARK FROM MYSELF

(for Jane, who said trees die from it)

Because women are expected to keep silent about
their close escapes I will not keep silent
and if I am destroyed (naked tree!) someone will
    please
mark the spot
where I fall and know I could not live
silent in my own lies
hearing their «how *nice* she is!»
whose adoration of the retouched image
I so despise.

No. I am finished with living
for what my mother believes
for what my brother and father defend
for what my lover elevates
for what my sister, blushing, denies or rushes
to embrace.

I find my own
small person
a standing self
against the world

ÜBER DAS ABSCHÄLEN MEINER RINDE

(für Jane, die sagte, daß Bäume daran sterben)

Da von Frauen Schweigen erwartet wird, wenn sie knapp
davongekommen sind, werde ich es brechen
und falls es mich zerstört (nackter Baum!) soll
   bitte
jemand die Stelle markieren
an der ich falle und wissen, daß ich nicht stumm
mit meinen Lügen leben könnte
das «wie wohlerzogen sie ist!» der Leute im Ohr
die ich für ihre Bewunderung des retuschierten Bildes
so verachte.

Nein. Schluß mit dem Leben nur für das
was meine Mutter glaubt
was mein Bruder und mein Vater verteidigen
was mein Geliebter hochhält
was meine Schwester, errötend, leugnet oder
hastig bejaht.

Ich sehe mich
kleine Person
aufrecht
der Welt gegenüberstehen

an equality of wills
I finally understand.

Besides:

My struggle was always against
an inner darkness: I carry within myself
the only known keys
to my death – to unlock life, or close it shut
forever. A woman who loves wood grains, the color

yellow,

and the sun, I am happy to fight
all outside murderers
as I see I must.

mit gleicher Willenskraft
wie ich endlich begreife.

Zudem:

Immer habe ich gegen
eine innere Finsternis gekämpft: ich trage in mir
die einzigen bekannten Schlüssel
zu meinem Tod – um das Leben zu erschließen oder
für immer auszusperren. Als Frau, die Holzmaserungen,
                                die Farbe Gelb
und die Sonne liebt, ich will gern
gegen all die außenstehenden Mörder kämpfen
denn wie ich sehe, muß ich das.

FRÜHE VERLUSTE:
EIN REQUIEM

EARLY LOSSES: A REQUIEM

part I

Nyanu was appointed
as my Lord. The husband chosen
by the elders
before my birth.
He sipped wine with
my father
and when I was born
brought a parrot as
his gift
to play with me.
Paid baskets of grain
and sweet berries
to make me fat
for his pleasure.

Omunu was my playmate
who helped consume Nyanu's gifts.
Our fat selves grew
together
knee and knee.
It was Omunu I wished
to share my tiny playing house.

FRÜHE VERLUSTE: EIN REQUIEM

Teil I

Nyanu war mir zum Gebieter
bestimmt. Als mein Gatte ausersehen
von den Ältesten
vor meiner Geburt.
Er schlürfte Wein mit
meinem Vater
und als ich geboren wurde
brachte er als Geschenk
einen Papagei
zu meiner Unterhaltung.
Zahlte für Körbe voll Getreide
und süßen Beeren
damit ich rund würde
für seine Lust.

Omunu war mein Spielgefährte
der mir Nyanus Geschenke verzehren half.
Gemeinsam
wurden wir rund
Knie an Knie.
Mit Omunu wollte ich
mein winziges Spielhaus teilen

Him I loved as the sun
must seek and chase
its own reflection
across the sky.
My brothers, before you
turn away –

The day the savages came
to ambush our village
it was Nyanu who struggled
bravely
Omunu ran and hid
behind his parents' house.
He was a coward but
only nine
as was I; who trembled
beside him as we two
were stolen away
Nyanu's dead body
begging remembrance
of his tiny morsel
taken from his mouth.
Nor was I joyful that he was dead
only glad that now I would not have
to marry him.
Omunu clasped my hands
within the barkcloth pouch
and I his head
a battered flower
bent low
upon its stalk

Ihn liebte ich, wie die Sonne
ihr Spiegelbild
am Himmel
suchen und jagen muß.
Meine Brüder, bevor ihr euch
abwendet –

Am Tag, als die Wilden kamen
um hinterhältig unser Dorf anzugreifen
kämpfte Nyanu
tapfer
Omunu rannte fort und versteckte sich
hinter seinem Elternhaus.
Er war ein Feigling, aber
erst neun
wie ich; die an seiner Seite
bebte, als wir beide
verschleppt wurden
und Nyanu als Toter bat
der kleinen, seinem Munde
abgesparten Leckerbissen
zu gedenken.
Auch freute es mich nicht, daß er tot war
nur daß ich ihn jetzt nicht mehr
würde heiraten müssen.
Im Inneren des Bastsacks
umklammerte Omunu meine Hände
und ich seinen Kopf
eine gerupfte Blume
tief gebeugt
an ihren Stengel

Our cries pounded back
into our throats
by thudding blows
we could not see
our mothers' cries
at such a distance
we could not hear
and over the miles
we feasted on homesickness
our mothers' tears and
the dew
all we consumed of homeland
before we left.

At the great water Omunu fought
to stay with me
at such a tender age
our hearts we set
upon each other
as the retreating wave
brings its closest friend
upon its back.
We cried out in words
that met an echo
and Omunu vanished
down a hole that
smelled of blood and
excrement and death
and I was «saved»
for sport among
the sailors of the crew.

Unsere Schreie wurden
uns in die Kehlen zurückgestoßen
von dumpfen Schlägen
die wir nicht sehen konnten
die Rufe unserer Mütter
konnten wir nicht hören
auf diese Entfernung
und mit zunehmenden Meilen
labten wir uns an Heimweh,
den Tränen unserer Mütter und
am Tau
an dem, was wir uns an Heimat einverleibt hatten
bevor wir sie verließen.

Am großen Wasser kämpfte Omunu
um bei mir zu bleiben
in so zartem Alter
waren unsere Herzen
miteinander verknüpft
wie die zurückweichende Welle
ihren engsten Freund
auf dem Rücken mit sich führt.
Unsere lauten Klagen
trafen auf ein Echo
und Omunu verschwand
in einem Loch das
nach Blut und Exkrementen
und Tod roch
und ich wurde «gerettet»
zur Kurzweil
der Matrosen.

Only nine, upon a ship. My mouth
my body a mystery
that opened with each tearing
lunge. Crying for Omunu
who was not seen
again
by these eyes.

Listen to your sister, singing
in the field.
My body forced to receive
grain and wild berries
and milk so I could seem
a likely wench
– my mother's child
sold for a price. My father's
child again for sale.
I prayed to all our Gods
«Come down to me»
Hoist the burden no child
was meant to bear
and decipher the prayer
from within each song
– the song despised –
my belly become a stronghold
for a stranger
who will not recall
when he is two
the contours of
his mother's face.
See the savages turn back

Erst neun Jahre alt, auf einem Schiff. Mein Mund
mein Körper ein Rätsel
das sich bei jedem reißenden
Stoß auftat. Nach Omunu rufend
den diese Augen
nie mehr
wiedergesehen haben.

Hört eurer singenden Schwester
auf dem Feld zu.
Erst wurde mein Körper gezwungen
Körner, wilde Beeren und Milch
aufzunehmen, damit ich nach einer
vielversprechenden Hure aussähe
– als das Kind meiner Mutter
verkauft. Als meines Vaters
Kind erneut zu kaufen.
Ich betete zu all unseren Göttern
«Kommt mir zu Hilfe!
Hebt die Last, die keinem Kind je
zu tragen bestimmt war
und entschlüsselt das Gebet
das sich in jedem Lied verbirgt
– in jedem verachteten Lied –
mein Bauch nun eine Festung
für einen Fremden
der sich mit zwei Jahren nicht mehr
an die Konturen
des Gesichts seiner Mutter
erinnern wird.
Seht wie die Wilden

my lips
and with hot irons
brand me neck and thigh.

I could not see the horizon
for the sky
a burning eye
the sun, beloved in the shade,
became an enemy
a pestle pounding long
upon my head.
You walked with me.
And when day sagged into night
some one of you of my own
choice
shared my rest. Omunu
risen from the ocean
out of the stomachs of whales
the teeth of sharks
lying beside me sleeping
knee and knee.
We could not speak always
of hearts
for in the morning if they
sold you
how could I flatten
a wrinkled face?
The stupor of dread
made smooth the look
that to my tormentors
was born erased.

mir die Lippen zurückstülpen
und mir mit rotglühenden Eisen
Nacken und Schenkel brandmarken.

Ich konnte den Horizont nicht sehen
weil der Himmel
ein brennendes Auge
die Sonne, im Schatten geliebt,
zum Feind wurde
zum schweren Stößel
der lang auf meinen Kopf einschlug.
Ihr gingt an meiner Seite.
Und als der Tag in Nacht versank
teilte einer von euch
den ich mir wählte
mit mir das Lager. Emporgestiegen
aus dem Ozean
aus den Bäuchen von Walen,
aus den Zähnen von Haien
lag Omunu schlafend neben mir
Knie an Knie.
Wir konnten nicht immer
über Herzensdinge sprechen
denn wenn sie dich
am Morgen verkauften
wie hätte ich ein faltiges
Gesicht glätten können?
Betäubende Furcht
machte das Gesicht weich
das für meine Peiniger
geboren war, um ausgemerzt zu werden.

I mourned for you. And if you died
took out my heart upon my lap
and rested it.

See me old at thirty
my sack of cotton weighted
to the ground. My hair
enough to cover a marble
my teeth like rattles
made of chalk
my breath a whisper
of decay.
The slack of my belly
falling to my knees.
I shrink to become a tiny size
a delicate morsel
upon my mother's knee
prepared like bread. The shimmering
of the sun a noise
upon my head.
To the child that's left
I offer a sound
without a promise
a clue
of what it means.

The sound itself is all.

Ich trauerte um dich. Und als du starbst
zog ich mein Herz hervor
und ließ es auf meinem Schoß ruhen.

Seht mich an, alt mit dreißig
mein schwerer Sack Baumwolle
am Boden. Kaum mehr genügend Haar
um eine Murmel zu bedecken
meine Zähne wie Klappern
aus Kalk
mein Atem ein Flüstern
des Verfalls.
Mein schlaffer Bauch
hängt bis zu den Knien.
Ich schrumpfe zur Winzigkeit
zum köstlichen Leckerbissen
auf dem Knie meiner Mutter
zubereitet wie Brot. Das Flimmern
der Sonne ein Dröhnen
über meinem Kopf.
Dem Kind, das mir bleibt
biete ich Töne an
ohne Versprechen
ohne Hinweis auf
ihre Bedeutung.

Der Ton ist alles.

Part II

The Child

A sound like a small wind
finding the door of a
hollow reed
my mother's farewell
glocked up from the back
of her throat

the sound itself is all

all I have
to remember a mother
I scarcely knew.
«Omunu» to me; who never knew
what «Omunu» meant. Whether home
or man or trusted God. «Omunu.»
Her only treasure,
and never spent.

Teil II

Das Kind

Ein Ton sanft wie ein Windhauch
der die Öffnung in einem
hohlen Schilfrohr findet
so drang der Abschied meiner Mutter
aus der Tiefe
ihrer Kehle.

der Ton ist alles

alles, was mir an Erinnerung
an meine Mutter bleibt
die ich kaum kannte.
«Omunu» für mich; der ich nie wußte
was «Omunu» bedeutete. Ob Heimstatt
oder Mensch oder vertrauter Gott. «Omunu».
Ihr einziger Schatz
und stets gehütet.

FORGIVE ME IF MY PRAISES

I

Forgive me if my praises
do not come easily
I do not praise myself
I am the cause of (he says)
my father's failure.
Protecting me
turned him into
a coward.
I, who curbed his temper
and shaped his life.
Me, who now can not praise
my work.

VERGIB MIR, WENN LOB

I

Vergib mir, wenn Lob
mir nicht leichtfällt
ich lobe mich nicht selbst
ich bin der Grund für (sagt er)
das Versagen meines Vaters.
Indem er mich beschützte
wurde er zum
Feigling.
Ich, die seinen Zorn gezügelt
und seinem Leben Form gegeben hat.
Ich, die meine Arbeit
jetzt nicht loben kann.

II

They said:
My father was not
a great man.
My father was a peasant
a serf.
The grandson of a slave.
My father was not a man.
They said.

II

Es hieß:
Mein Vater war kein
bedeutender Mann.
Mein Vater war Bauer
war Knecht.
Der Enkel eines Sklaven.
Mein Vater war kein Mann.
So hieß es.

III

Even so –
Let me surprise you
with my love
turned to fear
that I would gladly
pretend away.

III

Dennoch –
Laß mich dich überraschen
mit meiner Liebe
die sich in Furcht·verkehrt hat
die ich gern
überspielen würde.

IV

Open your arms.
Take me on your lap.
Sing me a blues.
Be B. B. King to my
Mean Woman.

IV

Öffne deine Arme.
Nimm mich auf deinen Schoß.
Sing mir einen Blues.
Sei B. B. King für mich
Unwürdige Frau.

V

What I need I know
is a good satisfying love
with even one such as you
with open seed-sowing hands
on long arms
embracing me
with lips purple as
Tea Cake's

kisses warm

a shoulder firm
as the smooth
strong flanks of trees
to fight with me against
my evil dreams.

V

Was mir fehlt, ist
eine gute befriedigende Liebe
sogar mit einem wie dir
mit großen samensäenden Händen
an langen Armen
die mich umfangen
mit Lippen so lila wie
die von Tea Cake

warmen Küssen

mit einer Schulter so fest
wie die glatten
starken Flanken von Bäumen
der mit mir gegen
meine bösen Träume kämpft.

THE ABDUCTION OF SAINTS

As it was with Christ, so it is with Malcolm
and with King.
Who could withstand the seldom flashing smile,
the call to dance among the swords and barbs
that were their words? The men leaning from
out the robes of saints,
good and wholly kind? Though come
at last to both fists clenched and Voice
to flatten the ears
of all the world.

You mock them who divide and keep score of what
each man gave. They gave us rebellion as pure love:
a beginning of the new man.

Christ too was man rebelling. Walking dusty roads,
    sweating
under the armpits. Loving the cool of evening beside
the ocean,
the people's greetings and barbecued chicken;

DIE ENTFÜHRUNG DER HEILIGEN

So wie es bei Christus war, so ist es bei Malcolm
und King.
Wer konnte dem selten aufblitzenden Lächeln
                                    widerstehen,
dem Aufruf, inmitten der Schwerter und Widerhaken zu
                                              tanzen,
die ihre Worte waren? Den Männern, die aus
den Gewändern von Heiligen hervorlugten,
gut und ganz und gar freundlich? Obwohl
wenn es drauf ankam, mit geballten Fäusten und einer
                                         Stimme
die bis zu den Ohren der Welt durchdrang.

Ihr verspottet jene, die säuberlich trennen und Buch
                              führen über den Beitrag
jedes der beiden. Sie gaben uns Rebellion in Form purer
                              Liebe: Ansätze zu
einem neuen Menschen.

Auch Christus war ein Rebell. Auf staubigen Straßen
          unterwegs, mit Schweiß
unter den Achseln. Der die Kühle des Abends am
Meer liebte,
die ihn begrüßende Menge und gegrillte Hühnchen;

cursing, under his breath
the bruise from his sandal and his donkey's diarrhea.
Don't let them fool you. He was himself a beginning
of the new man. His love in front.
His love and his necessary fist, behind. (Life,
ended at a point, always falls backward into the
little that was known of it.)

But see how this saint too is hung defenselessly
on walls, his strong hands pinned:
his pious look causes us to blush, for him.
He belongs to Caesar.

It is because his people stopped to tally and to count:
Perhaps he loved young men too much? Did he wear
    his hair
a bit too long, or short? Weren't the strategies
he proposed all wrong,
since of course they did not work?

It is because his people argued over him. Denounced
each other
in his name. When next they looked they hardly
    noticed
he no longer looked himself.

der leise vor sich hin fluchte
über die drückenden Sandalen und den Durchfall seines
Esels.
Laß dich nicht täuschen. Er selbst war der Ansatz
zu einem neuen Menschen. Vorweg seine Liebe.
Dahinter seine Liebe und die unentbehrliche Faust. (Ein
Leben,
das irgendwo geendet hat, reduziert sich immer auf das
wenige, was man darüber wußte.)

Aber seht euch an, wie auch dieser Heilige wehrlos
an den Wänden hängt, seine starken Hände festgenagelt:
sein frommer Blick läßt uns erröten – für ihn.
Er gehört Cäsar.

Lag es daran, daß sein Volk aufgehört hatte, zu messen
und zu zählen:
Vielleicht liebte er junge Männer zu sehr? Trug er
die Haare
ein bißchen zu lang oder zu kurz? Waren die Strategien,
die er vorschlug, nicht alle falsch,
da sie natürlich nicht funktioniert haben?

Es lag daran, daß sein Volk sich seinetwegen stritt. Daß
sie einander in seinem Namen
schmähten. Als sie das nächste Mal hinsahen, fiel ihnen
kaum auf,
daß er sich nicht mehr ähnlich sah.

Who could imagine that timid form with Voice like
thunder
to make threats, a fist enlarged from decking
    merchants?
That milkwhite cheek, the bluebell eye, the cracked
heart of plaster
designed
for speedy decay.

Aha! said a cricket in the grass (ancient observer of
distracted cross examiners);

Now you've seen it, now you don't!

And the body
was stolen away.

Wer konnte sich von dieser schüchternen Gestalt mit der Donnerstimme vorstellen,
daß sie drohen konnte, mit einer vom Händlervertreiben vergrößerten Faust?
Diese milchweiße Wange, der Glockenblumenblick, das gesprungene Herz
aus Gips
wie geschaffen
zu raschem Verfall.

Aha! sagte eine Grille im Gras (erfahrene Beobachterin zerstreuter Kreuzverhörer);

Eben noch da, und schon verschwunden!

Und der Leichnam
wurde entwendet.

MALCOLM

Those who say they knew you
offer as proof
an image stunted
by perfection.
Alert for signs of the man
to claim, one must believe
they did not know you at all
nor can remember the small, less popular
ironies of the Saint:
that you learned to prefer
all women free
and enjoyed a joke
and loved to laugh.

MALCOLM

Leute, die sagen, sie kannten dich
bieten als Beweis
ein durch Vollkommenheit
verzerrtes Bild an.
Sucht man wach nach menschlichen Zügen
muß man annehmen, sie kannten dich gar nicht
und können sich auch nicht an die weniger
populären Kleinigkeiten erinnern
die das Heiligenbild ironisch brachen:
daß du gelernt hast, lieber
alle Frauen als frei anzusehen
einen Witz zu schätzen wußtest
und sehr gern gelacht hast.

DEN WEG INS AUGE FASSEN

(IN ANSWER TO YOUR SILLY QUESTION)

(for algernon)

people have eaten fried fish
with the people
sewn on sewing machines
with the people
assaulted school and church
with the people
fought feet to feet
beside the people
have given their lives
to the people
but they have forgotten to shout
«i *adore* the people!»

so the people's tribunal approaches.

(ALS ANTWORT AUF DEINE DUMME FRAGE)

(für Algernon)

Es gibt Leute, die haben gebratenen Fisch gegessen
mit dem Volk
auf Nähmaschinen genäht
mit dem Volk
Schule und Kirche angegriffen
mit dem Volk
Fuß an Fuß gekämpft
neben dem Volk
ihr Leben geopfert
für das Volk
nur haben sie vergessen, laut zu rufen
«Ich *liebe* das Volk!»

deshalb rückt das Volkstribunal heran.

FACING THE WAY

the fundamental question about revolution
as lorraine hansberry was not afraid to know
is not simply whether i am willing to give up my life

but if i am prepared to give up my comfort:
clean sheets on my bed
the speed of the dishwasher
and my gas stove
gadgetless
but still preferable to cooking out of doors
over a fire of smoldering roots
my eyes raking the skies for planes
the hills for army tanks.
paintings i have revered stick against my walls
as unconcerned as saints
their perfection alone sufficient for their defense.
yet not one lifeline thrown by the artist
beyond the frame
reaches the boy whose eyes were target
for a soldier's careless aim
or the small girl whose body napalm
a hot bath after mass rape
transformed
or the old women who starve on muscatel

DEN WEG INS AUGE FASSEN

Die Grundfrage der Revolution besteht,
wie Lorraine Hansberry zu wissen wagte,
nicht einfach darin, ob ich bereit bin, mein Leben zu
                                               opfern,
sondern ob ich bereit bin, meinen Komfort zu opfern:
saubere Laken auf meinem Bett
die Schnelligkeit der Geschirrspülmaschine
und meinen Gasherd
ohne Schnickschnack
aber doch besser, als im Freien
über schwelenden Wurzeln zu kochen
während meine Blicke den Himmel nach Flugzeugen
und die Hügel nach Armeepanzern absuchen.
Gemälde, die ich verehrt habe, hängen an meinen Wänden
so gleichgültig wie Heilige
allein durch ihre Vollendung gerechtfertigt.
Dennoch erreicht keine vom Künstler
über den Rahmen geworfene Rettungsleine
den Jungen, auf dessen Augen
sorglos ein Soldat gezielt hat,
oder das kleine Mädchen, dessen Körper von Napalm,
von dem heißen Bad nach einer Massenvergewaltigung,
entstellt wurde,
oder die alten Frauen, die gegen ihren Hunger

nightly
on the streets of New York.

it is shameful how hard it is for me to give
them up!
to cease this cowardly addiction
to art that transcends time
beauty that nourishes a ravenous spirit
but drags on the mind
whose sale would patch a roof
heat the cold rooms of children. replace an eye.
feed a life.

it does not comfort me now to hear
thepoorweshallhavewithusalways
(Christ should never have said this:
it makes it harder than ever to change)
just as it failed to comfort me
when i was poor.

jede Nacht Fusel trinken
in den Straßen von New York.

Beschämend, wie schwer es mir fällt, diese Dinge
aufzugeben!
Schluß zu machen mit dieser feigen Sucht
nach Kunst, welche die Zeit transzendiert
nach Schönheit, die einen hungernden Geist nährt
doch am Verstand zehrt
von deren Verkauf ein Dach zu reparieren
kalte Kinderzimmer zu heizen, ein Auge zu ersetzen
ein Leben zu ernähren wäre.

Es tröstet mich, jetzt nicht zu hören:
Arme-werden-immer-unter-uns-sein
(Christus hätte das nie sagen dürfen:
es macht es noch schwieriger, sich zu ändern)
wie es mich auch nicht trösten konnte
als ich arm war.

VERGEBUNG

YOUR SOUL SHINES

Your soul shines
like the sides of a fish.
My tears are salty
my grief is deep.
Come live in me again.
Each day I walk along the edges
of the tall rocks.

DEINE SEELE GLÄNZT

Deine Seele funkelt
wie die Seiten eines Fisches.
Meine Tränen sind salzig
mein Schmerz ist tief.
Komm, lebe wieder in mir.
Tag für Tag wandere ich auf dem Grat
der hohen Felsen entlang.

FORGIVENESS

each time I order her to go
for a ruler and face her small
grubby outstretched palm
i feel before hitting it
the sting in my own
and become my mother
preparing to chastise me
on a gloomy Saturday afternoon
long ago. and glaring down into my own sad
and grieving face i forgive myself
for whatever crime i may
have done. as i wish i could always
forgive myself
then as now.

VERGEBUNG

Jedesmal wenn ich ihr auftrage,
mir ein Lineal zu bringen, und ihre kleine
schmutzige, ausgestreckte Hand sehe,
spüre ich vor dem Zuschlagen
das Stechen in meiner eigenen
und werde zu meiner Mutter,
die sich an einem düsteren Sonntag nachmittag
vor langer Zeit anschickt, mich zu züchtigen.
Und während ich in mein eigenes tristes,
leiderfülltes Gesicht hinunterstarre,
vergebe ich mir jedes Verbrechen, das ich begangen
haben mag. Wie ich mir doch wünsche, ich könnte
mir immer vergeben,
damals wie heute.

EVEN AS I HOLD YOU

Even as I hold you
I think of you as someone gone
far, far away. Your eyes the color
of pennies in a bowl of dark honey
bringing sweet light to someone else
your black hair slipping through my fingers
is the flash of your head going
around a corner
your smile, breaking before me,
the flippant last turn
of a revolving door,
emptying you out, changed,
away from me.

Even as I hold you
I am letting go.

SOGAR WENN ICH DICH IN DEN ARMEN HALTE

Sogar wenn ich dich in den Armen halte
sehe ich in dir jemandem, der gegangen ist
weit, weit fort. Deine Augen haben die Farbe
von Pennies in einer Schale mit dunklem Honig
sie bringen jemand anderem ihr süßes Licht
in deinem schwarzen Haar, das mir durch die Finger
                                              gleitet
liegt das Aufblitzen deines Kopfes, wenn
du um eine Ecke biegst,
dein Lächeln, das vor mir abbricht,
ist der freche letzte Ruck
einer Drehtür
leert dich, verwandelt, aus
fort von mir.

Sogar wenn ich dich in den Armen halte
lasse ich los.

«GOOD NIGHT, WILLIE LEE,
I'LL SEE YOU IN THE MORNING»

Looking down into my father's
dead face
for the last time
my mother said without
tears, without smiles
without regrets
but with *civility*
«Good night, Willie Lee, I'll see you
in the morning.»
And it was then I knew that the healing
of all our wounds
is forgiveness
that permits a promise
of our return
at the end.

«GUTE NACHT, WILLIE LEE, ICH SEH DICH MORGEN FRÜH»

Als sie zum letzten Mal in
das tote Gesicht
meines Vaters schaute
sagte meine Mutter ohne
zu weinen, ohne zu lächeln
ohne Bedauern
aber *höflich*:
«Gute Nacht, Willie Lee, ich
seh dich morgen früh.»
Und da wußte ich, daß die Heilung
all unserer Wunden
Vergebung ist
welche die Verheißung zuläßt
daß wir am Ende
wiederkehren.

PFERDE MACHEN EINE LANDSCHAFT SCHÖNER

Wir hatten kein Wort für das seltsame Tier, das wir von dem weißen Mann bekamen – das Pferd. So nannten wir es «sunka wakan», «heiliger Hund». Dafür, daß ihr uns das Pferd gebracht habt, könnten wir euch beinahe verzeihen, daß ihr uns den Whiskey gebracht habt. Pferde machen eine Landschaft schöner.

LAME DEER
Lame Deer Seeker of Visions

1978 zog ich von Brooklyn, New York, wo ich, seit ich aus Mississippi fortgezogen war, vier Jahre gelebt hatte, nach Nordkalifornien. Es war eine der besten Entscheidungen, die ich jemals getroffen habe. Meine Spiritualität, die an der Ostküste so beengt gewesen war, entfaltete sich voll, und ich fand im Innern meiner Psyche ebenso viele erkundenswerte Erscheinungen wie in der Außenwelt, die ich wahrzunehmen begann.

Zum erstenmal konnte ich meinen Schmerz über die anhaltende Tötung der Erde eingestehen und artikulieren, gerade so, wie ich alle Aspekte, die guten und schlechten, meines eigenen Erbes annahm.

REMEMBER?

Remember me?
I am the girl
with the dark skin
whose shoes are thin
I am the girl
with rotted teeth
I am the dark
rotten-toothed girl
with the wounded eye
and the melted ear.

I am the girl
holding their babies
cooking their meals
sweeping their yards
washing their clothes
Dark and rotting
and wounded, wounded.

I would give
to the human race
only hope.
I am the woman
with the blessed

ERINNERT IHR EUCH?

Erinnert ihr euch an mich?
Ich bin das Mädchen
mit der dunklen Haut
dessen Schuhe durchgelaufen sind
ich bin das Mädchen
mit verfaulten Zähnen
ich bin das dunkle
zahnfaule Mädchen
mit dem verletzten Auge
und dem geschrumpften Ohr.

Ich bin das Mädchen
das die Babys der anderen herumträgt
ihnen das Essen kocht
ihre Höfe fegt
ihre Wäsche wäscht
Dunkel und faulend
und verwundet, verwundet.

Ich wollte
der Menschheit
nur Hoffnung geben.
Ich bin die Frau
mit der gesegneten

dark skin
I am the woman
with teeth repaired
I am the woman
with the healing eye
the ear that hears.

I am the woman: Dark,
repaired, healed
Listening to you.

I would give
to the human race
only hope.

I am the woman
offering two flowers
whose roots
are twin

Justice and Hope
Hope and Justice

Let us begin.

dunklen Haut
ich bin die Frau
mit reparierten Zähnen
ich bin die Frau
mit dem heilenden Auge
dem Ohr, das hört.

Ich bin die Frau: Dunkel,
repariert, geheilt
höre ich euch zu.

Ich wollte
der Menschheit
nur Hoffnung geben.

Ich bin die Frau
die zwei Blumen darbietet
deren Wurzeln
Zwillinge sind

Gerechtigkeit und Hoffnung
Hoffnung und Gerechtigkeit

Laßt uns beginnen.

FIRST, THEY SAID

First, they said we were savages.
But we knew how well we had treated them
and knew we were not savages.

Then, they said we were immoral.
But we knew minimal clothing
did not equal immoral.

Next, they said our race was inferior.
But we knew our mothers
and we knew our race
was not inferior.

After that, they said we were
a backward people.
But we knew our fathers
and knew we were not backward.

So, then they said we were
obstructing Progress.
But we knew the rhythm of our days
and knew we were not obstructing Progress.

ERST SAGTEN SIE

Erst sagten sie, wir seien Wilde
Aber wir wußten, wie gut wir sie behandelt hatten
und daß wir keine Wilden waren.

Dann sagten sie, wir seien sittenlos.
Aber wir wußten, daß minimale Bekleidung
nicht Sittenlosigkeit gleichkommt.

Als nächstes sagten sie, unsere Rasse sei minderwertig.
Aber wir kannten unsere Mütter
und wußten, daß unsere Rasse
nicht minderwertig ist.

Danach sagten sie, wir seien
ein rückständiges Volk.
Aber wir kannten unsere Väter
und wußten, daß wir nicht rückständig waren.

Dann sagten sie, wir würden
den Fortschritt behindern.
Aber wir kannten den Rhythmus unserer Tage
und wußten, daß wir den Fortschritt nicht behinderten.

Eventually, they said the truth is that you eat
too much and your villages take up too much
of the land. But we knew we and our children
were starving and our villages were burned
to the ground. So we knew we were not eating
too much or taking up too much of the land.

Finally, they had to agree with us.
They said: You are right. It is not your savagery
or your immorality or your racial inferiority or
your people's backwardness or your obstruction of
Progress or your appetite or your infestation of the land
that is at fault. No. What is at fault
is your existence itself.

Here is money, they said. Raise an army
among your people, and exterminate
yourselves.

In our inferior backwardness
we took the money. Raised an army
among our people.
And now, the people protected, we wait
for the next insulting words
coming out of that mouth.

Schließlich sagten sie, in Wirklichkeit eßt ihr
zuviel, und eure Dörfer nehmen zuviel Land
ein. Aber wir wußten, daß wir und unsere Kinder
hungerten und unsere Dörfer abgebrannt worden
waren. Daher wußten wir, daß wir nicht zuviel
aßen und unsere Dörfer nicht zuviel Land einnahmen.

Schließlich mußten sie uns zustimmen.
Sie sagten: Ihr habt recht. Nicht eure Wildheit
oder Sittenlosigkeit oder rassische Minderwertigkeit oder
die Rückständigkeit eures Volkes oder euer Behindern
des Fortschritts oder euer Appetit oder eure Landgier
ist der Fehler. Nein.
Der Fehler ist eure Existenz an sich.

Hier habt ihr Geld, sagten sie. Stellt eine Armee
aus eurem Volk zusammen und vernichtet
euch selbst.

In unserer minderwertigen Rückständigkeit
nahmen wir das Geld. Stellten eine Armee
aus unserem Volk zusammen.
Und jetzt, als geschütztes Volk, warten wir
auf die nächsten beleidigenden Worte
aus jenem Mund.

S M

I tell you, Chickadee
I am afraid of people
who cannot cry
Tears left unshed
turn to poison
in the ducts
Ask the next soldier you see
enjoying a massacre
if this is not so.

People who do not cry
are victims
of soul mutilation
paid for in Marlboros
and trucks.

Resist.

Violence does not work
except for the man
who pays your salary
Who knows
if you could still weep
you would not take the job.

S M

Ich sag dir, Chickadee
ich fürchte mich vor Leuten
die nicht weinen können
Unvergossene Tränen
verwandeln sich in Gift
in ihren Kanälen
Frag den nächstbesten Soldaten
der ein Massaker genießt
ob es nicht so ist.

Leute, die nicht weinen
sind Opfer
von Seelenverstümmelung
bezahlt mit Marlboros
und Lastwagen.

Widerstehe.

Gewalt funktioniert nicht
außer für den Mann
der dir den Lohn zahlt
Der weiß
wenn du noch weinen könntest
würdest du den Job nicht machen.

THE DIAMONDS ON LIZ'S BOSOM

The diamonds on Liz's bosom
are not as bright
as his eyes
the morning they took him
to work in the mines
The rubies in Nancy's
jewel box (Oh, how he
loves red!)
not as vivid
as the despair
in his children's
frowns.

Oh, those Africans!

Everywhere you look
they're bleeding
and crying
Crying and bleeding
on some of the whitest necks
in your town.

DIE DIAMANTEN AN LIZ' BUSEN

Die Diamanten an Liz' Busen
strahlen nicht so hell
wie seine Augen
an dem Morgen, als sie ihn
zur Arbeit in den Gruben holten
Die Rubine in Nancys
Schmuckkassette (Oh, er liebt Rot
so sehr!)
sind nicht so leuchtend
wie die Verzweiflung
der gefurchten Stirnen
seiner Kinder.

Oh, diese Afrikaner!

Wo du auch hinschaust
bluten sie
und weinen sie
Weinen und bluten
an ein paar der weißesten Hälse
in deiner Stadt.

WE ALONE

We alone can devalue gold
by not caring
if it falls or rises
in the marketplace.
Wherever there is gold
there is a chain, you know,
and if your chain
is gold
so much the worse
for you.

Feathers, shells
and sea-shaped stones
are all as rare.

This could be our revolution:
To love what is plentiful
as much as
what is scarce.

WIR ALLEIN

Wir allein können das Gold entwerten
indem wir uns nicht darum scheren
ob es fällt oder steigt
auf dem Markt.
Überall wo Gold ist
ist auch eine Kette, weißt du,
und wenn deine Kette
aus Gold ist
desto schlimmer
für dich.

Federn, Muscheln
und vom Meer geformte Steine
sind ebenso kostbar.

Das könnte unsere Revolution sein:
Was es im Überfluß gibt
ebenso zu lieben wie
das Rare.

HOW POEMS ARE MADE:
A DISCREDITED VIEW

Letting go
in order to hold on
I gradually understand
how poems are made.

There is a place the fear must go.
There is a place the choice must go.
There is a place the loss must go.
The leftover love.
The love that spills out
of the too full cup
and runs and hides
its too full self
in shame.

I gradually comprehend
how poems are made.
To the upbeat flight of memories.
The flagged beats of the running
heart.

I understand how poems are made.
They are the tears

WIE GEDICHTE ENTSTEHEN:
EINE IN VERRUF GERATENE ANSICHT

Loslassend
um festzuhalten
verstehe ich allmählich
wie Gedichte entstehen.

Es muß einen Ort für die Angst geben.
Es muß einen Ort für die Wahl geben.
Es muß einen Ort für den Verlust geben.
Für die übriggebliebene Liebe.
Liebe, die sich aus dem übervollen
Gefäß ergießt
sich ausbreitet und ihre
Überfülle
schamhaft verbirgt.

Allmählich verstehe ich
wie Gedichte entstehen.
Im Aufschwung der Erinnerungen.
Zu den erlahmten Schlägen des flüchtenden
Herzens.

Ich verstehe, wie Gedichte entstehen.
Sie sind die Tränen

that season the smile.
The stiff-neck laughter
that crowds the throat.
The leftover love.
I know how poems are made.

There is a place the loss must go.
There is a place the gain must go.
The leftover love.

die dem Lächeln Aroma verleihen.
Das halsstarrige Lachen
das sich in der Kehle staut.
Die übriggebliebene Liebe.
Ich weiß, wie Gedichte entstehen.

Es muß einen Ort für den Verlust geben.
Es muß einen Ort für den Gewinn geben.
Die übriggebliebene Liebe.

LOVE IS NOT CONCERNED

love is not concerned
with whom you pray
or where you slept
the night you ran away
from home
love is concerned
that the beating of your heart
should kill no one.

DER LIEBE IST ES NICHT WICHTIG

Der Liebe ist es nicht wichtig
mit wem du betest
oder wo du geschlafen hast
in der Nacht, als du fortliefst
von zu Hause
der Liebe ist es wichtig
daß das Schlagen deines Herzens
niemanden tötet.

SHE SAID:

She said: «When I was with him,
I used to dream of them together.
Making love to me, he was
making love to her.
That image made me come
every time.»

A woman lies alone
outside our door.
I know she dreams us
making love;
you inside me,
her lips on my breasts.

SIE SAGTE:

Sie sagte: «Als ich mit ihm zusammen war,
träumte ich von ihnen als Paar.
Wenn er mit mir schlief, liebte
er sie.
Diese Vorstellung brachte mich
jedesmal zum Kommen.»

Eine Frau liegt allein
draußen vor unserer Tür.
Ich weiß, sie träumt, daß wir
uns lieben;
du in mir,
ihre Lippen auf meinen Brüsten.

WALKER

When I no longer have your heart
I will not request your body
your presence
or even your polite conversation.
I will go away to a far country
separated from you by the sea
– on which I cannot walk –
and refrain even from sending
letters
describing my pain.

WANDLERIN

Wenn ich dein Herz nicht mehr besitze
werde ich deinen Körper nicht mehr begehren
weder deine Gegenwart
noch deine höfliche Konversation.
Ich werde in ein fernes Land gehen
getrennt von dir durch das Meer
– auf dem ich nicht wandeln kann –
und nicht einmal Briefe
senden
die meinen Schmerz beschreiben.

SONGLESS

What is the point
of being artists
if we cannot save our life?
That is the cry
that wakes us
in our sleep.
Being happy is not the only
happiness.
And how many gadgets
can one person manage
at one time?

Over in the Other World
the women count
their wealth
in empty
calabashes.
How to transport
food
from watering hole
to watering
hole
has ceased to be
a problem

GESANGLOS

Was nützt es
Künstler zu sein
wenn wir unser Leben nicht retten können?
Das ist der Schrei
der uns aus dem Schlaf
reißt.
Glücklich zu sein ist nicht das einzige
Glück.
Und wie viele Geräte
kann ein Mensch zur
gleichen Zeit benutzen?

Drüben in der Anderen Welt
messen die Frauen
ihren Reichtum
an leeren
Flaschenkürbissen.
Der Transport
von Nahrung
von Wasserloch
zu Wasser-
loch
ist kein
Problem mehr

since the animals
died
and seed grain shrunk
to fit the pocket.

Now
it is just a matter
of who can create
the finest
decorations
on the empty
pots.

They say in Nicaragua
the whole
government
writes,
makes music
and paints,
saving their own
and helping the people save
their own lives.

(I ask you to notice
who, songless,
rules us
here.)

They say in Nicaragua
the whole
government

seit die Tiere
verendet sind
und Saatgut so rar wurde
daß es in eine Hosentasche paßt.

Jetzt
ist nur von Bedeutung
wer die Schöpferin der
schönsten
Dekors
für die leeren
Töpfe ist.

Man sagt, daß in Nicaragua
alle
Regierungsmitglieder
schreiben,
Musik machen
und malen,
ihr eigenes Leben retten
und den Leuten aus dem Volk helfen
ihr Leben zu retten.

(Ich bitte zu beachten
wer uns,
gesanglos,
hier regiert.)

Man sagt, daß in Nicaragua
alle
Regierungsmitglieder

writes
and makes
music
saving its own
and helping the people save
their own lives.

These are not containers
void of food.
These are not decorations
on empty pots.

schreiben
und Musik
machen
ihr eigenes Leben retten
und den Leuten aus dem Volk helfen
ihr Leben zu retten.

Das sind keine leeren
Lebensmittelgefäße.
Das sind keine Dekors
für leere Töpfe.

A FEW SIRENS

Today I am at home
writing poems.
My life goes well:
only a few sirens herald disaster
in the ghetto
down the street.
In the world, people die
of hunger.
On my block we lose
jobs, housing and breasts.
But in the world
children are lost;
whole countries of children
starved to death
before the age
of five each year;

their mothers squatted
in the filth
around the empty cooking pot
wondering:

But I cannot pretend
to know

EIN PAAR SIRENEN

Heute bin ich zu Hause
und schreibe Gedichte.
Mein Leben verläuft gut:
nur ein paar Sirenen künden von Unheil
im Ghetto
weiter unten an der Straße.
In der Welt sterben Menschen
an Hunger.
An meiner Straße verlieren wir
Jobs, Wohnungen und Brüste.
Aber in der Welt
gehen Kinder zugrunde;
Kinder ganzer Länder
verhungern
jedes Jahr
bevor sie fünf sind;

ihre Mütter hocken
im Dreck
um den leeren Kochtopf
und fragen sich:

Aber ich kann nicht so tun
als wüßte ich

what they wonder.
A walled horror
instead of thought
would be my mind.

And our children
gladly starve themselves.

Thinking of the food I eat
every day
I want to vomit, like
people who throw up
at will,
understanding that whether
they digest or not
they must consume.

Can you imagine?

Rather than let the hungry
inside the restaurants
Let them eat vomit, they say.
They are applauded
for this. For this
they are light.

But
wasn't there a time.
when food was sacred?

was sie sich fragen.
Eingekapseltes Entsetzen
statt Gedanken
wäre in meinem Kopf.

Und unsere Kinder
hungern freiwillig.

Wenn ich an die Nahrung denke
die ich jeden Tag esse
möchte ich mich übergeben wie die
Leute, die sich willentlich
erbrechen
in der Annahme, daß sie
konsumieren müssen, ob sie
verdauen oder nicht.

Ist das vorstellbar?

Ehe man die Hungrigen
in die Restaurants läßt
läßt sie Kotze fressen, sagen sie.
Sie bekommen Applaus
dafür. Dafür sind
Leichtgewichte.

Aber
gab es nicht einmal Zeiten
in denen Nahrung heilig war?

When a dead child
starved naked
among the oranges
in the marketplace
spoiled
the appetite?

In denen ein totes Kind
nackt, verhungert
inmitten der Orangen
auf dem Marktplatz
den Appetit
verdarb?

POEM AT THIRTY-NINE

How I miss my father.
I wish he had not been
so tired
when I was
born.

Writing deposit slips and checks
I think of him.
He taught me how.
This is the form,
he must have said:
the way it is done.
I learned to see
bits of paper
as a way
to escape
the life he knew
and even in high school
had a savings
account.

He taught me
that telling the truth
did not always mean

GEDICHT DER NEUNUNDDREISSIGJÄHRIGEN

Wie mir mein Vater fehlt.
Ich wünschte, er wäre nicht
so müde gewesen
als ich
geboren wurde.

Wenn ich Einzahlungsformulare und Schecks ausfülle
denke ich an ihn.
Er hat es mir beigebracht.
so ist es korrekt,
muß er gesagt haben:
so wird es gemacht.
Ich lernte in
Zetteln
einen Weg zu sehen
dem Leben, wie er es kannte
zu entkommen
und hatte schon
während der High-School
ein Sparkonto.

Er lehrte mich
daß die Wahrheit zu sagen
nicht immer

a beating;
though many of my truths
must have grieved him
before the end.

How I miss my father!
He cooked like a person
dancing
in a yoga meditation
and craved the voluptuous
sharing
of good food.

Now I look and cook just like him:
my brain light;
tossing this and that
into the pot;
seasoning none of my life
the same way twice; happy to feed
whoever strays my way.

He would have grown
to admire
the woman I've become:
cooking, writing, chopping wood,
staring into the fire.

Prügel bedeutete;
obwohl viele meiner Wahrheiten
ihn geschmerzt haben müssen
vor seinem Ende.

Wie ich meinen Vater vermisse!
Er kochte wie jemand, der
bei einer Yoga-Meditation
tanzt
und er sehnte sich nach dem üppigen
gemeinsamen Genießen
guten Essens.

Heute sehe ich aus und koche wie er:
leichten Sinns;
ich werfe dies und das
in den Topf;
und würze nie im Leben
zweimal auf die gleiche Weise; froh
jeden zu füttern, der vorbeikommt.

Er hätte die Frau, die ich geworden bin
noch zu bewundern gelernt:
die kocht, schreibt, Holz hackt,
ins Feuer starrt.

GRAY

I have a friend
who is turning gray,
not just her hair,
and I do not know
why this is so.

Is it a lack of vitamin E
pantothenic acid, or B-12?
Or is it from being frantic
and alone?

«How long does it take you to love someone?»
I ask her.
«A hot second,» she replies.
«And how long do you love them?»
«Oh, anywhere up to several months.»
«And how long does it take you
to get over loving them?»
«Three weeks,» she said, «tops.»

Did I mention I am also
turning gray?
It is because I *adore* this woman
who thinks of love
in this way.

GRAU

Ich habe eine Freundin,
die grau wird,
nicht nur ihr Haar,
und ich weiß nicht,
warum das so ist.

Kommt es vom Mangel an Vitamin E,
Panthothensäure oder B-12?
Oder weil sie in Panik ist
und allein?

«Wie lange brauchst du, um dich zu verlieben?»
frage ich sie.
«Eine heiße Sekunde», erwidert sie.
«Und wie lange liebst du dann?»
«Ach, unterschiedlich, bis zu ein paar Monaten.»
«Und wie lange brauchst du,
um über die Liebe hinwegzukommen?»
«Drei Wochen», sagte sie, «höchstens.»

Habe ich schon erwähnt, daß ich ebenfalls
grau werde?
Das kommt von meiner *Bewunderung*
für diese Frau
die so über die Liebe denkt.

WHEN GOLDA MEIR WAS IN AFRICA

When Golda Meir
was in Africa
she shook out her hair
and combed it
everywhere she went.

According to her autobiography
Africans loved this.

In Russia, Minneapolis, London, Washington, D.C.
Germany, Palestine, Tel Aviv and Jerusalem
she never combed at all.
There was no point. In those
places people said, «She looks like
any other aging grandmother. She looks
like a troll. Let's sell her cookery
and guns.»

«*Kreplach* your cookery,» said Golda.

Only in Africa could she finally
settle down and comb her hair.
The children crept up and stroked it,
and she felt beautiful.

ALS GOLDA MEIR IN AFRIKA WAR

Als Golda Meir
in Afrika war
ließ sie ihre Haare fliegen
und kämmte sie
wo sie auch hinkam.

Laut ihrer Autobiographie
fanden die Afrikaner das toll.

In Rußland, Minneapolis, London, Washington, D. C.,
Deutschland, Palästina, Tel Aviv und Jerusalem
kämmte sie sich überhaupt nie.
Es gab keinen Grund. An jenen
Orten sagten die Leute: «Sie sieht aus
wie jede alt werdende Großmutter. Sie sieht aus
wie ein Troll. Verkaufen wir ihr Kochkunst
und Gewehre.»

«Steckt euch die Kochkunst sonstwohin», sagte Golda.

Nur in Afrika konnte sie endlich
in Ruhe ihr Haar kämmen.
Kinder kamen angeschlichen, faßten es an,
und sie fühlte sich schön.

Such wonderful people, Africans
Childish, arrogant, self-indulgent, pompous,
cowardly and treacherous – a *great* disappointment
to Israel, of course, and really rather
ridiculous in international affairs,
but, withal, opined Golda, a people of charm
and good taste.

So wundervolle Menschen, die Afrikaner
Kindlich, arrogant, genußsüchtig, großspurig,
feige und tückisch – eine *große* Enttäuschung
für Israel, natürlich, und wirklich ziemlich
lachhaft in internationalen Fragen,
doch obendrein, befand Golda, ein Volk mit
Charme und gutem Geschmack.

ON SIGHT

I am so thankful I have seen
The Desert
And the creatures in The Desert
And the desert Itself.

The Desert has its own moon
Which I have seen
With my own eye

There is no flag on it.

Trees of the desert have arms
All of which are always up
That is because the moon is up
The sun is up
Also the sky
The stars

Clouds
None with flags.

If there were flags, I doubt
The trees would point.
Would you?

ÜBER DAS SEHEN

Ich bin so dankbar, daß ich
Die Wüste gesehen habe
Und die Geschöpfe in der Wüste
Und die Wüste selbst.

Die Wüste hat ihren besonderen Mond
Den ich mit meinem eigenen einen Auge
Gesehen habe

Es gibt keine Fahne darauf.

Die Bäume der Wüste haben Waffenarme
Die alle immer nach oben zeigen
Weil nämlich der Mond oben ist
Die Sonne
Genauso der Himmel
Die Sterne

Wolken
Nirgendwo Fahnen darauf.

Gäbe es Fahnen darauf, glaube ich kaum
Daß die Bäume drauf zielen würden.
Du vielleicht?

WITHOUT COMMERCIALS

Listen,
stop tanning yourself
and talking about
fishbelly
white.
The color white
is not bad at all.
There are white mornings
that bring us days.
Or, if you must,
tan only because
it makes you happy
to be brown,
to be able to see
for a summer
the whole world's
darker face
reflected
in your own.

*

Stop unfolding
your eyes.
Your eyes are

OHNE WERBUNG IM KOPF

Hör mal,
hör auf, dich zu bräunen
und von
Fischbauchweiß
zu reden.
Die Farbe Weiß
ist gar nicht so übel.
Es gibt weiße Morgen
die uns Tage ankündigen.
Oder, wenn es denn sein muß,
laß dich nur bräunen, weil
es dich glücklich macht,
braun zu sein und in der Lage,
einen Sommer lang
das dunklere
Gesicht
der gesamten Welt
in deinem
gespiegelt zu sehen.

*

Hör auf, gegen deine Augenfalte
vorzugehen.
Deine Augen sind

beautiful.
Sometimes
seeing you in the street
the fold zany
and unexpected
I want to kiss
them
and usually
it is only
old
gorgeous
black people's eyes
I want
to kiss.

*

Stop trimming
your nose.
When you
diminish
your nose
your songs
become little
tinny, muted
and snub.
Better you should
have a nose
impertinent
as a flower,
sensitive
as a root;

schön.
Manchmal
wenn ich dich auf der Straße sehe
mit der unerwarteten
Clownsaugenfalte
möchte ich sie küssen
und meistens
sind es nur
die Augen
alter
herrlicher
schwarzer Leute
die ich küssen
möchte.

*

Hör auf
deine Nase zu korrigieren.
Wenn du
deine Nase
verkleinerst, wird
dein Gesang
kleinlaut,
blechern, stumpf
stupsnasig.
Eher solltest du
eine Nase haben so
unbescheiden
wie eine Blume,
so sensibel
wie eine Wurzel;

wise, elegant,
serious and deep.
A nose that
sniffs
the essence
of Earth. And knows
the message
of every
leaf.

*

Stop bleaching
your skin
and talking
about
so much black
is not beautiful
The color black
is not bad
at all.
There are black nights
that rock
us
in dreams.
Or, if you must,
bleach only
because it pleases you
to be brown,
to be able to see
for as long
as you can bear it

weise, elegant,
ernst und tief.
Eine Nase die
den Duft
der Erde
wittert. Und
die Botschaft
jedes Blatts
kennt.

*

Hör auf, deine
Haut zu bleichen
und davon zu reden
daß
so viel Schwarz
auch nicht schön ist.
Die Farbe Schwarz
ist gar nicht
so übel.
Es gibt schwarze Nächte
die uns
in Träume
wiegen.
Oder, wenn es denn sein muß,
bleiche dich nur
weil es dir gefällt
braun zu sein,
und so lange,
wie du es ertragen kannst
das hellere Gesicht

the whole world's
lighter face
reflected
in your own.

*

As for me,
I have learned
to worship
the sun
again.
To affirm
the adventures
of hair.

For we are all
splendid
descendants
of Wilderness,
Eden:
needing only
to see
each other
without
commercials
to believe.

Copied skillfully
as Adam.

Original

as Eve.

der ganzen Welt
in deinem
gespiegelt
zu sehen.

*

Was mich angeht,
so habe ich wieder
gelernt
die Sonne
anzubeten.
Die Abenteuer
der Haare
zu unterstützen.

Denn wir sind alle
herrliche
Abkömmlinge
der Wildnis,
des Garten Eden:
wir brauchen
einander
nur ohne Werbung
im Kopf
anzusehen,
um es zu glauben.

Geschickte Kopien
wie Adam.

Original

wie Eva.

THESE DAYS

Some words for people I think of as friends.

These days I think of Belvie
swimming happily in the country pond
coating her face with its mud.
She says:
«We could put the whole bottom of this pond in jars
and sell it to the folks
in the city!»
Lying in the sun she dreams
of making our fortune, à la Helena Rubenstein.
Bottling the murky water
too smelly to drink,
offering exotic mud facials and mineral baths
at exorbitant fees.
But mostly she lies in the sun
dreaming of water, sun and the earth
itself –

Surely the earth can be saved for Belvie.

These days I think of Robert
folding his child's tiny shirts

DIESER TAGE

Ein paar Worte für Leute, in denen ich Freunde sehe.

Dieser Tage denke ich an Belvie
die glücklich im ländlichen Tümpel umherschwimmt
und ihr Gesicht mit seinem Schlamm bedeckt.
Sie sagt:
«Wir könnten den ganzen Grund des Tümpels in Tiegel
füllen
und ihn den Leuten
in der Stadt verkaufen!»
Liegt in der Sonne und träumt davon
uns im Stil von Helena Rubinstein reich zu machen.
Wir füllen das schlammige,
zum Trinken zu übel riechende Wasser auf Flaschen,
bieten exotische Schlamm-Masken und Mineralbäder
zu Wucherpreisen an.
Aber vor allem liegt sie in der Sonne
träumt von Wasser, Sonne und der Erde
selbst —

Bestimmt ist die Erde für Belvie zu retten.

Dieser Tage denke ich an Robert
der die winzigen Hemdchen seines Kindes faltet,

consuming TV dinners («A kind of *processed* flavor»)
rushing off each morning to school – then to the office,
the supermarket, the inevitable meeting: writing,
speaking, marching against oppression, hunger,
ignorance.
And in between having a love affair
with tiny wildflowers and gigantic
rocks.
«Look at this one!» he cries,
as a small purple face
raises its blue eye to the sun.
«Wow, look at that one!» he says,
as we pass a large rock
reclining beside the road.
He is the man with child
the new old man.
Brushing hair, checking hands, nails
and teeth.
A sick child finds comfort
lying on his chest all night
as do I.

Surely the earth can be saved for Robert.

These days I think of Elena.
In the summers, for years, she camps
beside the Northern rivers
sometimes with her children
sometimes with women friends

Fertigmahlzeiten konsumiert («schmeckt wie
                                    umgewandelt»),
jeden Morgen zur Schule hastet – dann ins Büro,
zum Supermarkt, in die unvermeidliche Konferenz:
                                    schreibt,
Reden hält, gegen Unterdrückung, Hunger,
Unwissenheit demonstriert.
Und dazwischen eine Liebesaffäre
mit winzigen Wildblumen und riesigen
Felsen hat.
«Schau dir die an!» ruft er,
als ein kleines lilafarbenes Gesicht
seinen blauen Blick der Sonne zuwendet.
«Wow, schau dir den an!», sagt er,
als wir an einem großen Felsen vorüberkommen
der neben dem Weg liegt.
Er ist der Mann mit Kind
der neue alte Mann.
Der Haare bürstet, Hände überprüft, Fingernägel
und Zähne.
Ein krankes Kind findet die Nacht über
Trost auf seiner Brust
genau wie ich.

Bestimmt ist die Erde für Robert zu retten.

Dieser Tage denke ich an Elena.
Seit Jahren zeltet sie im Sommer
an den Flüssen im Norden
manchmal mit ihren Kindern
manchmal mit Freundinnen

from «way, way back.»
She is never too busy to *want* at least
to join a demonstration
or to long to sit
beside
a river.
«I will not think less of you
if you do *not* attend this meeting,» she says,
making us compañeras for life.

Surely the earth can be saved for Elena.

These days I think of Susan;
so many of her people lost
in the Holocaust. Every time I see her
I can't believe it.
«You have to have some of my cosmos seeds!»

she says
over the phone. «The blooms
are glorious!»
Whenever we are together
we eat a lot.
If I am at her house
it is bacon, boiled potatoes,
coffee and broiled fish:
if she is at my house it is
oyster stew, clams, artichokes
and wine.
Our dream is for time in which
to walk miles together, a couple

von «ganz, ganz früher».
Nie ist sie zu beschäftigt, um wenigstens
an einer Demonstration teilnehmen zu *wollen*
oder sich danach zu sehnen
an einem
Fluß zu sitzen.
«Ich halte nicht weniger von dir
wenn du *nicht* zu diesem Treffen kommst», sagt sie
und macht uns zu compañeras fürs Leben.

Bestimmt ist die Erde für Elena zu retten.

Dieser Tage denke ich an Susan;
die so viele von ihren Leuten im
Holocaust verloren hat. Jedesmal, wenn ich sie sehe
erscheint es mir unfaßbar.
«Du kriegst ein paar von meinen Schmuckkörbchen-

Samen!»
sagt sie
am Telefon. «Sie blühen
herrlich!»
Wann immer wir zusammen sind
essen wir viel.
Wenn ich bei ihr bin
Speck, gekochte Kartoffeln,
Kaffee und gegrillten Fisch:
Wenn sie zu mir kommt, gibt es
Austernragout, Muscheln, Artischocken
und Wein.
Wir träumen davon, Zeit zu haben,
um meilenweit wandern zu gehen, ein paar

of weeds stuck between our teeth,
comfy in our yogi pants
discoursing on Woolf
and child raising,
essay writing and gardening.
Susan makes me happy
because she exists.

Surely the earth can be saved for Susan.

These days I think of Sheila.
«‹Sheila› is already a spiritual name,» she says.
And «Try meditation and jogging both.»
When we are together we talk
and talk
about The Spirit
About What is Good and What is Not.
There was a time she applauded my anger,
now she feels it is something I should outgrow.
«It is not a useful emotion,» she says. «And besides,
if you think about it, there's nothing worth
getting angry about.»
«I do not like anger,» I say.
«It raises my blood pressure.
I do not like violence. So much has been done to me.
But having embraced my complete being
I find anger
and the capacity for violence
within me.

Kräuter zwischen den Zähnen,
in unseren bequemen Yogi-Hosen
über Woolf
und Kindererziehung redend,
über das Schreiben von Essays und Gartenarbeit.
Susan macht mich glücklich
weil sie da ist.

Bestimmt ist die Erde für Susan zu retten.

Dieser Tage denke ich an Sheila.
«Sheila ist bereits ein spiritueller Name», sagt sie.
Und «Probier's mal mit Meditation und Jogging
                                        zugleich».
Wenn wir zusammen sind, reden wir
und reden
über Den Geist
Darüber, was Gott ist und was nicht.
Es gab einmal eine Zeit, da fand meine Wut ihren Beifall,
jetzt glaubt sie, ich sollte ihm entwachsen.
«Das ist kein nützliches Gefühl», sagt sie. «Und
                                        außerdem,
wenn du's dir recht überlegst, hat nichts es verdient,
daß man drauf wütend wird.»
«Ich mag Wut nicht», sage ich.
«Sie erhöht meinen Blutdruck.
Ich mag Gewalt nicht. Mir wurde so viel angetan.
Aber da ich mein gesamtes Wesen akzeptiert habe,
finde ich Wut
und die Fähigkeit zur Gewalt
in mir vor.

Control
rather than eradication
is about the best
I feel I can do.
Besides, they intend to murder us,
you know.»
«Yes, I understand,» she says.
«But try meditation
and jogging *both*;
you'll be surprised how calm you feel.»
I meditate, walk briskly, and take deep, deep breaths
for I know the importance of peace to the inner self.
When I talk to Sheila
I am forced to honor
my own ideals.

Surely the earth can be saved for Sheila.

These days I think of Gloria.
«The mere *sight* of an airplane puts me to sleep,»
she says.
Since she is not the pilot, this makes sense.
If this were a courageous country,
it would ask Gloria to lead it
since she is sane and funny and beautiful and smart
and the National Leaders we've always had
are not.
When I listen to her talk about women's rights
children's rights
men's rights
I think of the long line of Americans

Ich kann sie allenfalls beherrschen lernen,
aber nicht ausmerzen –
mehr kann ich nach meinem Gefühl
nicht tun.
Außerdem haben sie vor, uns umzubringen,
weißt du.»
«Ja, ich verstehe», sagt sie.
«Aber versuch mal *beides*, Meditation
und Jogging;
Du wirst überrascht sein, wie gelassen du dich fühlst.»
Ich meditiere, gehe rasch und atme tief, ganz tief,
denn ich weiß, wie wichtig innerer Frieden ist.
Wenn ich mit Sheila spreche
bin ich gezwungen
meine eigenen Ideale zu achten.

Bestimmt ist die Erde für Sheila zu retten.

Dieser Tage denke ich an Gloria.
«Wenn ich ein Flugzeug nur *sehe*, schlafe ich ein»,
sagt sie.
Einleuchtend, da sie nicht der Pilot ist.
Wäre dies ein mutiges Land,
würde man Gloria bitten, es zu führen,
denn sie ist vernünftig und komisch, schön und klug,
und das waren die Führer unserer Nation bisher
alles nicht.
Wenn ich sie über Frauenrechte reden höre
über Kinderrechte
Männerrechte
denke ich an die lange Reihe von Amerikanern

who should have been president, but weren't.
Imagine Crazy Horse as president. Sojourner Truth.
John Brown. Harriet Tubman. Black Elk or Geronimo.
Imagine President Martin Luther King confronting
the youthful «Oppie» Oppenheimer. Imagine President
Malcolm X going after the Klan. Imagine President Stevie
Wonder dealing with the «Truly Needy.»
Imagine President Shirley Chisholm, Ron Dellums or
Sweet Honey in the Rock
dealing with Anything.
It is imagining to make us weep with frustration,
as we languish under real estate dealers, killers,
and bad actors.

Gloria makes me aware of how much we lose by
          denying,
exiling or repressing parts of ourselves
so that other parts,
grotesque and finally lethal
may creep into the light.
«Women must seize the sources of reproduction,» she
          says,
knowing her Marx and her Sanger too.

Surely the earth can be saved for Gloria.

die Präsident hätten sein sollen, aber es nicht waren.
Man stelle sich Crazy Horse als Präsident vor. Sojourner
                                                    Truth.
John Brown. Harriet Tubman. Black Elk oder Geronimo.
Man stelle sich Präsident Martin Luther King dem jungen
                                                    «Oppie»
Oppenheimer gegenüber vor. Man stelle sich Präsident
Malcolm X vor, wie er den Klan verfolgt. Präsident
                                        Stevie Wonder,
wie er mit den «wirklich Bedürftigen» umgeht.
Man stelle sich vor, wie Präsident Shirley Chisholm, Ron
                                        Dellums oder
Sweet Honey in the Rock
mit irgendeiner Frage umgingen.
Vorstellungen, die uns vor Frustration zum Weinen
                                            bringen können,
während wir unter Immobilienmaklern, Mördern,
und schlechten Schauspielern schmachten.

Gloria macht mir bewußt, wieviel wir verlieren, indem wir
                                            Teile von uns
verleugnen, verbannen oder unterdrücken,
damit andere,
groteske und letztlich todbringende Teile
ans Licht kriechen können.
«Die Frauen müssen die Reproduktionsquellen
        übernehmen», sagt sie,
denn sie kennt sich bei Marx wie bei Sanger aus.

Bestimmt ist die Erde für Gloria zu retten.

These days I think of Jan,
who makes the most exquisite goblets
– and plates and casseroles.
Her warm hands steady on the cool
and lively clay,
her body attentive and sure, bending over the wheel.
I could watch her work for hours –
but there is never time. On one visit I see the bags
of clay. The next visit, I see pale and dusty molds,
odd pieces of hardening handles and lids. On another,
I see a stacked kiln. On another, magical objects of use
splashed with blue, streaked with black and red.
She sits quietly beside her creations
at countless fairs
watching without nostalgia
their journeys into the world.
She makes me consider how long
people have been making things. How wise
and thoughtful people often are.
A world without Jan would be like her house
when she is someplace else – gray, and full of furniture
I've never seen before.

Our dream is to sit on a ridge top for days
and reminisce
about the anti-nuke movement.
The time we were together
at a woman's music festival, and Diablo Canyon

Dieser Tage denke ich an Jan,
die edle Trinkgefäße herstellt
– und Teller und Töpfe.
Die warmen Hände stetig auf dem kühlen,
lebendigen Ton, der aufmerksame,
sichere Körper über die Scheibe gebeugt.
Stundenlang könnte ich ihr bei der Arbeit zuschauen –
aber nie ist Zeit dafür. Bei einem Besuch sehe ich die
                                                                    Säcke
mit Ton. Beim nächsten matte, staubige Formen,
verstreut trocknende Henkel und Deckel. Ein andermal
einen vollgestellten Brennofen. Dann wieder magische
Gebrauchsgegenstände, blaugesprenkelt, schwarz-rot
                                                                    gemasert.
Ruhig sitzt sie neben ihren Schöpfungen
auf ungezählten Messen
und sieht ohne Wehmut zu
wie sie in die Welt hinausziehen.
Sie bringt mich zum Nachdenken darüber, wie lange
Menschen bereits Dinge herstellen. Wie weise
und bedachtsam sie oft sind.
Eine Welt ohne Jan wäre wie ihr Haus
wenn sie anderswo ist – grau und voller Möbel
die ich noch nie gesehen habe.

Wir träumen davon, tagelang auf einem Hügel zu sitzen
und Erinnerungen an
die Anti-Atomwaffen-Bewegung nachzuhängen.
An damals, als wir zusammen
auf einem Frauen-Musik-Festival waren und Diablo
                                                                    Canyon

called her.
The more comic aspects
of her arrest.

There is a way that she says «um *hum*» that means a lot
to me.

Surely the earth can be saved for Jan.

These days I think of Rebecca.
«Mama, are you a racist?» she asks.
And I realize I have badmouthed white people
once too often
in her presence.

Years ago I would have wondered
how white people have managed to live
all these years
with this question
from their children;
or, how did they train their children
not to ask?

Now I think how anti-racism
like civil rights or
affirmative action
helps white people too.
Even if they are killing us
we have to say, to try to believe,
it is the way they are raised,
not genetics,

sie anrief.
An die eher komischen Aspekte
ihrer Verhaftung.

Ihre Art «mmmh» zu sagen bedeutet mir
sehr viel.

Bestimmt ist die Erde für Jan zu retten.

In diesen Tagen denke ich an Rebecca.
«Mama, bist du eigentlich Rassistin?» fragt sie.
Und mir wird klar, daß ich über Weiße
in ihrem Beisein
einmal zu oft schlecht gesprochen habe.

Vor Jahren hätte ich mich gefragt
wie weiße Leute all die Jahre hindurch
mit dieser Frage
ihrer Kinder
leben konnten;
oder wie richteten sie ihre Kinder dazu ab,
diese Frage nicht zu stellen?

Heute denke ich, daß Antirassismus,
die Bürgerrechtsbewegung oder
«Affirmative Action»
auch weißen Leuten hilft.
Selbst wenn sie uns töten,
müssen wir uns sagen, zu glauben versuchen,
daß ihre Erziehung
und kein genetischer Faktor

that causes their bizarre,
death-worshiping
behavior.

«If we were raised like white people,
to think we are superior to everything else
God made, we too would behave the way
they do,» say the elders.
And: «White folks could *be* people of color
if they'd only relax.»

Besides, my daughter declares
her own white father «Good,» and reminds me
it is often black men
who menace us on
the street.

Talking to Rebecca about race almost always
guarantees a headache.
But that is a small price
for the insight and clarity
she brings.

Surely the earth can be saved for Rebecca.

These days I think of John, Yoko and Sean Lennon.
Whenever I listen
to «Working-Class Hero,»
I laugh: because John says «fucking»
twice,

ihr bizarres,
den Tod verherrlichendes
Verhalten erzeugt.

«Wenn wir wie Weiße dazu erzogen wären,
uns allem überlegen zu wähnen, was Gott
sonst noch geschaffen hat, würden wir uns auch verhalten
wie sie», sagen die Älteren.
Und: «Weiße Leute *könnten* Farbige sein,
wenn sie sich nur entspannen würden.»

Außerdem erklärt meine Tochter
ihren eigenen weißen Vater für «Gut» und erinnert mich
daran,
daß es oft schwarze Männer sind
die uns auf der Straße
bedrohen.

Mit Rebecca über Rasse zu sprechen führt
garantiert fast immer zu Kopfschmerzen.
Aber das ist ein geringer Preis
für die Einsichten und die Klarheit
die sie vermittelt.

Bestimmt ist die Erde für Rebecca zu retten.

Dieser Tage denke ich an John, Yoko und Sean Lennon.
Immer wenn ich
«Working-Class Hero» höre,
lache ich: weil John zweimal «fucking»
sagt

and it is always a surprise
though I know the record by heart.
I like to imagine
him putting Sean to bed

or exchanging his own hard,
ass-kicking boots
for sneakers.

I like to imagine Yoko
making this white boy deal with the word NO
for the first time.
And the word YES forever.
I like to think of this brave
and honest
new age family
that dared to sing itself
even as anger, fear, sadness and death
squeezed its vocal cords.

Yoko knows the sounds of a woman coming
are finer by far than those of a B-52
on a bombing raid.

And a Kotex plastered across
a man's forehead at dinner
can indicate serenity.

> *Hold on world*
> *World hold on*
> *It's gonna be all right*

und es mich immer wieder überrascht
obwohl ich die Platte auswendig kenne.
Ich stelle mir gern vor
wie er Sean zu Bett bringt

oder seine harten
Arschtreterstiefel
gegen Turnschuhe tauscht.

Ich stelle mir gern Yoko vor
wie sie diesem weißen Jungen beibringt, zum ersten Mal
mit dem Wort NO fertig zu werden.
Und mit dem Wort YES für immer.
Ich denke gern an diese tapfere
und ehrliche
New-Age-Familie
die wagte, von sich zu singen
auch wenn Wut, Furcht, Traurigkeit und Tod
ihnen auf die Stimmbänder drückten.

Yoko weiß, daß die Laute einer Frau beim Orgasmus
weit nobler sind als die einer B-52
beim Bombenangriff.

Und daß eine Binde,
einem Mann beim Abendessen an die Stirn geknallt
von Gelassenheit zeugen kann.

> *Halte durch, Welt*
> *Welt, halte durch*
> *Alles wird gut werden*

You gonna see the light
(Ohh) when you're one
Really one
You get things done
Like they never been done
So hold on. *

Surely the earth can be saved
by all the people
who insist
on love.

Surely the earth can be saved for us.

* From «Hold On John,» by John Lennon.

Du wirst das Licht sehen
(Ohh) wenn du eins bist
Wirklich einig
Bringst du Dinge zustande
Die sie noch nie zustande gebracht haben
Drum halte durch. *

Bestimmt ist die Erde zu retten
durch all die Menschen
die darauf bestehen
zu lieben.

Bestimmt ist die Erde für uns zu retten.

* Aus «Hold On John», von John Lennon.

WIR HABEN EINE WUNDERSCHÖNE MUTTER: BISLANG UNGEDRUCKTE GEDICHTE

Während der vielen Jahre, in denen ich Gedichte schreibe, habe ich Musiker zumeist beneidet. Nur Musiker, schien mir, waren immer eins mit ihrer Schöpfung. Aber in letzter Zeit erkenne ich, daß auch Gedichte untrennbar mit dem Herzen und der Seele, die sie geschaffen haben, verbunden sind. Und daß man sich um Dichtung nicht bemühen kann; man kann nur auf sie warten. Wenn sie kommt, erfahre ich es als Gnade und bin von Dankbarkeit überwältigt, *und wenn sie nicht kommt, spüre ich, daß sie mir eine bestimmte Haltung dem Leben gegenüber gegeben hat. Ich habe entdeckt, daß Gedichte immer unerwartet kommen, immer treu und aufrichtig wie Träume.*

Dem Angedenken meines Vaters
der, selbst schwermütig,
mir sein
Lächeln hinterließ.

(Was beweist, daß Zauberkraft
sogar im Patriarchat überlebt)

MEIN HERZ HAT SICH DIR WIEDER GEÖFFNET

Der Ort an dem ich geboren wurde

Ich bin eine Aussiedlerin. Ich sitze hier auf dem Deck meines Hauses in Nordkalifornien auf einer Schaukel und bewundere, wie der Nebel das Tal unten in einen See verwandelt hat. Noch für Stunden wird dort nichts zu sehen sein außer diesem riesigen Dampfsee; später dann, wenn die Sonne steigt und an Kraft gewinnt, wird der Nebel sich gekräuselt heben und träge dem Ozean entgegenwogen. Die Leute hier nennen ihn den Drachen; und tatsächlich sieht er wie ein Drache aus, wie er sich aufbläht und zusammenrollt – beflügelt, aufbrausend, dünn und fein an einzelnen Stellen, wenn er vor der Sonne in seine Küstenhöhle zurückflieht. Hier sitze ich morgens voll Ehrfurcht und in großem Frieden. Die Berge jenseits des Tales verschwinden im Dunst und tauchen wieder auf; die Redwoodbäume und Fichten, Eichen und riesigen Lorbeerbäume erscheinen wie klobige Turmspitzen, geheimnisvolle grüne Gebilde wie die Steinwälder, die man auf chinesischen Gemälden von Guilin sieht.

Wo ich wohne, ist es unglaublich schön. Überhaupt nicht chic oder exklusiv. Wenn ich auf meinem Deck sitze, kann ich auf die Rücken der Falken und die weiten, seidigen Flügel der Truthahngeier hinunterblicken, die in der Sonne gleißen und für mich zur lebendigen Verbindung mit dem frühen ägyptischen Afrika werden. Der Teich liegt so still unter mir, daß die sich darin spiegelnden Bäume aus dieser Distanz wirken wie auf seinen Grund gemalt.

Das alles liebe ich: die Schönheit, die Ruhe, die Sauberkeit, den Frieden. Ich begreife, welches Glück ich hatte, das hier zu finden. Und dennoch gibt es Tage, an denen mich der Anblick der Berge und Redwoodbäume wehmütig macht und ich mich nach kleinen runden, leicht zu überquerenden Hügeln sehne, nach dem Anblick von Silberpappeln und Pinienduft.

Ich sehne mich nach dem Land meiner Geburt, das ich für immer verlassen habe, als ich dreizehn war – und erst in die Kleinstadt Eatonton zog und dann in die Großstadt Atlanta.

Eines Tages habe ich geweint, als ich einer Freundin von einem Baum erzählte, den ich als Kind geliebt hatte. Dieser Baum hatte meinem Vater jeden Morgen auf seinem langen, kalten Schulweg Schutz geboten: er stand auf halbem Weg zwischen seinem Haus und der Schule, und weil im Stamm ein tiefes Loch war, konnte man darin ein Feuer machen. Während meiner Kindheit, in einem winzigen, überfüllten Haus unterhalb des Baumes, in einem kleinen, engen Tal, schaute ich oft zu ihm hinauf und fühlte mich beruhigt angesichts seines Alters und seiner Großmut trotz der jahrelangen schlechten Behandlung (die Feuer mußten weh getan haben, das wußte ich) und seines großen, lange gewachsenen Pinien-Adels. Als der Blitz in ihn einschlug und er abstarb, danach gefällt und zu Feuerholz gehackt wurde, litt ich, als wäre er ein

Mensch gewesen. Heimlich. Denn wer aus meiner Familie hätte nicht über meinen Kummer gelacht?

Ich habe mich lange glücklich geschätzt, diesen Gefährten besessen zu haben, und erinnere mich noch heute mit Dankbarkeit an ihn. Warum aber die Tränen, wollte meine Freundin wissen. Und plötzlich dämmerte mir, es könnte vielleicht wirklich traurig sein, daß ich einem Baum und nicht jemandem aus meiner Familie emotional so nahegestanden habe.

Als Kind nahm ich an, daß ich immer die Landschaft des mittleren Georgia um mich haben würde, so wie Brer Rabbit (unser Meister Lampe), auch er ein Einheimischer und Verwandter, sein Dornengestrüpp hatte. Aber es sollte nicht sein. Leiden an der rassistischen Unterdrückung und ihrer Folge, der wirtschaftlichen Verarmung, trieb mich in sämtliche Winkel der Welt, auf der Suche nach Gerechtigkeit und Frieden, und nach Arbeit, die mich in dem bestärken würde, was ich war. Hier bin ich zur Ruhe gekommen, müde vom Reisen, hier auf einem Deck – nicht auf einer südlichen Veranda vor dem Haus –, und überblicke eine andere Welt.

Ich bin zufrieden: Und doch frage ich mich, wie mein Leben verlaufen wäre, wenn ich hätte zu Hause bleiben können?

Ich erinnere mich an frühe Morgennebel in Georgia, nicht so dramatisch wie in Kalifornien, aber ebenfalls geheimnisvoll, weil aus dem südlichen Nebel der Erinnerung mein dunkler Vater tritt, breit und lächelnd, glühend vor Verwurzeltsein, und von Jagdhunden, Biskuits und Waschbären spricht. Und meine ebenso verwurzelte Mutter läuft geschäftig um unser Haus, sie wird waschen, das

Feuer unter dem schwarzen Kessel verbreitet einen Kreis von Wärme, in dem ich stehe, ein ernst dreinblickendes Kind. Da ist meine Schwester Ruth, die schön ist, wie ich finde, elegant für die High-School angezogen, im grauen Flanellrock und mit einer Rheinkiesel-Brosche, und rasch geht sie die Straße hinauf, um den gelben Schulbus zu erwischen, der wie ein großer Glühwurm im frühen Morgennebel leuchtet.

O, landscape of my birth
because you were so good to me as I grew
I could not bear to lose you.

O, landscape of my birth
because when I lost you, a part of my soul died.

O, landscape of my birth
because to save myself I pretended it was *you*
who died.

You that now did not exist
because I could not see you.

But O, landscape of my birth
now I can confess how I have lied.

Now I can confess the sorrow
of my heart
    as the tears flow
and I see again with memory's bright eye
my dearest companion cut down
and can bear to resee myself
so lonely and so small
there in the sunny meadows
and shaded woods
of childhood
where my crushed spirit
and stricken heart
ran in circles
looking for a friend.

Soon I will have known fifty summers.
Perhaps that is why
my heart
an imprisoned tree

O Landschaft meiner Geburt
weil du so gut zu mir warst, als ich aufwuchs
konnte ich deinen Verlust nicht ertragen.
O Landschaft meiner Geburt
weil ein Teil meiner Seele starb, als ich dich verlor.
O Landschaft meiner Geburt
denn um mich zu retten, tat ich so, als wärst *du*
es, die starb.
Du, die es nun nicht mehr gab,
weil ich dich nicht sehen konnte.
O Landschaft meiner Geburt
jetzt kann ich dir meine Lüge gestehen.
Jetzt kann den Schmerz in meinem
Herzen ich gestehen
da die Tränen fließen
und ich mit dem wachen Blick der Erinnerung
meinen liebsten Gefährten erneut gefällt werden sehe
und ich es ertrage mich abermals zu sehen
so allein und klein
dort auf den sonnigen Wiesen
und in den schattigen Wäldern
der Kindheit
wo meine niedergeschmetterte Seele
und mein verwundetes Herz
sich auf der Suche nach einem Freund
im Kreise bewegten.

Bald werde ich fünfzig Sommer gesehen haben.
Vielleicht darum drängt es
mein Herz,
ein eingesperrter Baum,

so long clutched tight
inside its core
insists
on shedding
like iron leaves
the bars
from its cell.

You flow into me.
And like the Aborigine or Bushperson or Cherokee
who braves everything
to stumble home to die
no matter that cowboys
are herding cattle where the ancestors slept
I return to you, my earliest love.

Weeping in recognition at the first trees
I ever saw, the first hills I ever climbed and rested my
unbearable cares
upon, the first rivers I ever dreamed myself across,
the first pebbles I ever lifted up, warm from the sun, and
put into
my mouth.

    O landscape of my birth
you have never been far from my heart.
It is *I* who have been far.
    If you will take me back
    Know that I
    Am yours.

in seinem Innersten
so lange umkrallt,
die Stäbe
seiner Zelle
abzuwerfen
wie eiserne Blätter.

Du fließt in mich hinein.
Und wie der Aborigine, Buschmann oder Cherokee
der allem mutig die Stirn bietet
um schließlich sterbend heimwärts zu straucheln
ohne die Cowboys zu beachten, die dort
Rinder hüten, wo die Ahnen schliefen,
kehre ich zu dir zurück, meine früheste Liebe.

Weinend, als ich die ersten Bäume wiedererkenne,
die ich je sah, die ersten Hügel, die ich je bestieg und
denen ich meine unerträglichen Sorgen anvertraute,
die ersten Flüsse, über die ich mich hinüberträumte,
die ersten Kieselsteine, die ich je aufgehoben und,
warm von der Sonne,
in den Mund geschoben habe.

    O Landschaft meiner Geburt
nie bist du meinem Herzen fern gewesen.
Ich war es, die fern war.
        Wenn du mich zurücknehmen willst,
        Wisse, daß ich
        Dir gehöre.

TELLING

I want to be with you
in the pain and sadness
or relief, of abortion
in the pain and joy
or horror, of birth.

Through my words
little sister
I am taking your hand in mine.
I am telling you
you will never
again
be alone.

Is solace anywhere
more comforting
than in the arms
of sisters?
Words flung
like warm flames
across
inner continents
of ice and glass.

ICH SAGE DIR

Ich möchte bei dir sein
im Schmerz, in der Trauer
oder Erleichterung der Abtreibung
im Schmerz, in der Freude
oder dem Schrecken der Geburt.

Durch meine Worte
kleine Schwester
nehme ich dich bei der Hand.
Ich sage dir
Nie wieder
wirst du
allein sein.

Wirkt Trost irgendwo
so wohltuend
wie in den Armen
von Schwestern?
Wie warme Flammen
dringen Worte
durch
innere Kontinente
von Eis und Glas.

And when you die
please know
I will have gone ahead
to pick out the best place.

To say Welcome.

Sit here beside me, my love
and let heaven be heaven
at last.

Und wenn du stirbst
erinnere dich bitte
daß ich dir schon vorausgegangen bin
um den besten Platz auszusuchen.

Um dich zu begrüßen.

Setz dich neben mich, meine Liebe
und laß den Himmel endlich
Himmel sein.

NDEBELE

Looking into your eyes
I can see why
they are always
trying
to murder you.

No matter how much
they take
from you
you still have more.

It is in the carriage
of your head
the grace of your neck
It is in your walk
the way you do
or do not smile.

Seeing you there
among your children
and your art
knowing they have stripped
from you
all but barest life

NDEBELE

Wenn ich dir in die Augen schaue
verstehe ich, warum
sie immer
versuchen
dich umzubringen.

Gleichgültig, wieviel
sie dir
nehmen
du hast immer noch mehr.

Es liegt an der Haltung
deines Kopfes
der Anmut deines Halses
Es liegt an deinem Gang
an deiner Art
zu lächeln oder nicht.

Wenn sie dich da sehen
inmitten deiner Kinder
und deiner Kunst
wohl wissend, daß sie dir alles
weggerissen haben
außer dem nackten Leben

they must think
the Great Spirit
did indeed
pass them by.

They eat and eat
the food they steal
from you;
it only makes them
gross.

They wear and wear
the clothes
they steal from you
they are more naked
than before.

They rape and praise
the land they steal
from you
it poisons them.

«If we do not
carry on our
traditions
the ancestors
may think
we are Sotho
– or even white
people,» you exclaim.
Painting a whole

müssen sie glauben
der Große Geist
habe sie tatsächlich
übergangen.

Sie essen und essen
die Nahrung, die sie
dir stehlen;
sie werden davon nur
dick.

Sie tragen und tragen
die Kleidung
die sie dir stehlen
sie sind nackter
als zuvor.

Sie vergewaltigen und preisen
das Land
das sie dir stehlen
es vergiftet sie.

«Wenn wir nicht
weiter unsere
Traditionen pflegen
könnten die
Ahnen denken
wir sind Sotho
– oder sogar
Weiße», rufst du aus.
Und malst ein ganzes

house
with just
your fingertips.

Their envy of us
has always been
our greatest crime.

What are we to do?
African women,
we insist
on all the
freedoms...
Ours the privilege
of not even
comprehending
what it means
to give up.

Far into the night
years and days
without your man

Your brothers, your sons
dying on the long
bus rides
to Pretoria's
mines.
You paint. You sculpt.
You make beaded
everythings.

Haus
nur mit
deinen Fingerspitzen.

Ihr Neid auf uns
war immer schon
unser größtes Verbrechen.

Was sollen wir tun?
Wir afrikanischen Frauen,
wir bestehen
auf allen
Rechten…
Wir haben das Privileg
nicht einmal zu
verstehen
was es bedeutet
aufzugeben.

Bis spät in die Nacht
über Jahre und Tage
ohne deinen Mann

Ohne deine Brüder, deine Söhne
die auf den langen
Busfahrten
zu den Gruben
von Pretoria
umkommen.
Du malst. Du schnitzt.
Schaffst alle möglichen
Perlengebilde.

There is a scepter
you cover in beads
that you explain
to strangers
is really
a telephone pole.

They crush and crush
your heart;
your humor
escapes.

Da ist ein Zepter
das du mit Perlen überziehst
und das, wie du Fremden
erklärst,
eigentlich
ein Telefonpfosten ist.

Sie drücken und quetschen
dir das Herz;
dein Witz
entkommt.

WE HAVE A MAP OF THE WORLD

*In honor of Soviet poet Olzhas Suleimenow, Native
Kazakstanan, and the Nevada-Semipalatinsk Anti-Nuclear
Movement*

*«We have a map
of the world
showing how
all nuclear tests
have been
conducted
on the territory
of Native
peoples.»*

> Raymond Yowell
> Western Shoshone National Council
> Las Vegas, Nevada, October 21, 1988

As it is
in my country
so it is
in yours.

I look into
your Asian
your Indian

WIR HABEN EINE KARTE VON DER WELT

*Zu Ehren der russischen Dichterin Olzhas Suleimenow, in
Kasachstan geboren, und der Anti-Atomkraft-Bewegung
von Nevada-Semipalatinsk*

*«Wir haben eine Karte
von der Welt,
die zeigt, daß
alle Atomtests
auf den Gebieten
eingeborener
Völker
ausgeführt
worden sind.»*

Raymond Yowell
Vor dem Nationalrat der Western Shoshone
Las Vegas, Nevada, 21. Oktober 1988

Wie es
in meinem Land ist
so in
eurem.

Ich schaue in
eure asiatischen
eure indischen

eyes
and read
your fear:

that your cows
eat
poisoned
grass:

that your wheat
kills:
that your children
shrink
from contact
with Mother's
milk.

It is all known
now.
The darkness
at the heart
of the light.

Even by those
afraid to know
their country's
secrets.
Even by those
who deadened themselves
to keep
from finding out.

Augen
und lese
eure Ängste:

daß eure Kühe
vergiftetes
Gras
fressen:

daß euer Weizen
tötet:
daß es eure Kinder
schaudert
vor
Muttermilch.

Das alles ist heute
bekannt.
Die Finsternis
im Herzen
des Lichts.

Selbst denen
die sich davor fürchten
die Geheimnisse
ihres Landes zu kennen.
Selbst denen
die stumpf geworden sind
um es nur nicht
herauszufinden.

The old men
show
their power
by exploding
weapons
deadly seed
deep inside
the body
of the earth.

They grunt
that they see God
in the flash
that blinds
them
and us.

They tell us
such vigorous rape
as theirs
will keep
our countries
young.

But we
are not fooled.

We see
sometimes unbelieving
that our days
have become brutish
and short.

Die alten Männer
demonstrieren
ihre Macht
indem sie Waffen
explodieren lassen
tödlichen Samen
tief in
den Körper
der Erde spritzen.

Sie grunzen
daß sie Gott sehen
in dem Blitz
der sie
blendet
und uns.

Sie erzählen uns
so potente Vergewaltigung
wie durch sie
wird
unsere Länder
jung halten.

Aber wir
lassen uns nicht täuschen.

Wir erkennen
manchmal ungläubig
daß unsere Tage
barbarisch geworden sind
und knapp.

We see
sometimes
uncomprehending
that our pain
and our deaths
are long.

We feel
the heavy trauma
of kissing
of making love
under a cloud
of radioactive dust.

O poets
singers
and children
of the world
unite.

Lift every
voice
and sing
out
against the old men
who hate us
hate themselves
and hate
the earth.

Wir erkennen
verständnislos
manchmal
daß unser Schmerz
und unser Tod
lange währen.

Wir empfinden
das schwere Trauma
unter einer Wolke
von radioaktivem Staub
zu küssen
zu lieben.

Oh, ihr Dichter
Sänger
und Kinder
der Welt
vereint euch.

Erhebt alle eure
Stimmen
und singt
laut
gegen die alten Männer
die uns hassen
sich selbst
und die Erde
hassen.

The old men
to whom
natural
fucking
is a thing
of the past.
And somebody else's past
at that.

Who strangle
our orgasms
with the wickedness
of their advances.

Who hang our babies
with the promise
of their words.

Who asphyxiate
our hopes
with the scratch
of a pen.

The old paleheart vampires
sucking up the world.

The old men
who ejaculate
plutonium.

Die alten Männer
für die
natürliches
Ficken
eine Sache
der Vergangenheit ist.
Und aus der Vergangenheit
anderer obendrein.

Die unsere Orgasmen
abwürgen
durch die Niedertracht
ihres Fortschritts.

Die unsere Babys töten
mit ihren
Versprechen.

Die unsere Hoffnungen
mit dem Strich
einer Feder
ersticken.

Die alten fahlherzigen Vampire
saugen die Welt aus.

Die alten Männer
die Plutonium
ejakulieren.

The old men
who give us
blood
to drink.

Die alten Männer
die uns
Blut
zu trinken geben.

DAS RECHT ZU LEBEN:
WAS HAT DER WEISSE MANN
DER SCHWARZEN FRAU ZU SAGEN?

Kundgebung für die Wahlfreiheit/Für die
Aufrechterhaltung der Legalität von Abtreibung
Mayflower Hotel, Washington, D. C.
8. April 1989

Was von diesen Worten nützen mag, bringe ich dem Anden-
ken und der Achtung vor unserer gemeinsamen Mutter dar.
Und meiner Tochter.

Was hat der weiße Mann der schwarzen Frau zu sagen?

Vierhundert Jahre lang hat er über den Schoß der schwar-
zen Frau geherrscht.

Sprechen wir deutlich. In den Sklavenbaracken und ent-
lang den Sklavenhandelsküsten Afrikas war er es für über
zwanzig Generationen, der die Gehirne unserer Babys an
den Felsen verspritzte.

Was hat der weiße Mann der schwarzen Frau zu sagen?

Vierhundert Jahre lang bestimmte er, welches Kind einer schwarzen Frau leben oder sterben würde.

Möge es in Erinnerung bleiben. Er war es, der unsere Kinder auf das Auktionspodest in den Städten überall in der östlichen Hälfte des Landes brachte, das heute die Vereinigten Staaten sind, und er hörte und sah, wie sie nach den Armen ihrer Mütter bettelten, bevor sie an den Höchstbietenden verkauft oder fortgezerrt wurden.

Was hat der weiße Mann der schwarzen Frau zu sagen?

Wir erinnern uns, daß Fannie Lou Hamer, eine arme Pächterin auf einer Plantage in Mississippi, eines von einundzwanzig Kindern war; und daß schwarze Frauen überall auf den Plantagen im Süden, oft zwölf, fünfzehn, zwanzig Kinder hatten. Wie ihre versklavten Mütter und Großmütter vor ihnen wurden diese Frauen dem Profit des weißen Mannes geopfert, der ihre Körper und die ihrer Kinder vor die Maschine zur Baumwollentkörnung schirrte.

Was hat der weiße Mann der schwarzen Frau zu sagen?

Wir sehen ihn Samstag abends, Jahrhunderte hindurch, danach anstehen, daß die schwarze Mutter, die ihren Körper verkaufen muß, um ihre Kinder zu ernähren, vor ihm auf die Knie geht.

Vermerken wir:
 Er hat sich nicht um ein einziges seiner dunklen Kinder gekümmert, über Hunderte von Jahren.

Wo sind die Kinder der Cherokee, das Volk meiner Groß-
mutter?
Verschwunden.
Wo sind die Kinder der Schwarzfüße?
Verschwunden.
Wo sind die Kinder der Lakota?
Verschwunden.

Die der Cheyenne?
Der Chippewa?
Der Irokesen?
Der Sioux?
Der Akan?
Der Ibo?
Der Ashanti?
Der Maori und der Aborigines?

Wo sind die Kinder der «Sklaven-Küste» und von
Wounded Knee?

Wir vergessen nicht die Zwangssterilisationen und den
erzwungenen Hunger in den Reservaten, hier und in Süd-
afrika. Auch nicht die mit Windpocken verseuchten Dek-
ken, die den Indianerkindern von den Großen Weißen
Vätern der Regierung der Vereinigten Staaten geschenkt
wurden.

Was hat der weiße Mann der schwarzen Frau zu sagen?
Wenn wir Kinder haben, tut ihr alles, was in eurer
Macht steht, damit sie sich unerwünscht fühlen, vom
Augenblick ihrer Geburt an. Ihr schickt sie andere Kinder

dunkler Mütter bekämpfen und ermorden, überall
auf der Welt. Ihr stoßt sie auf öffentlichen Schnellstraßen
vor entgegenkommende Autos. Ihr stoßt ihre Köpfe
durch Spiegelglasscheiben. Ihr knüpft sie auf und anein-
ander.

Was hat der weiße Mann der schwarzen Frau zu sagen?

Von Anbeginn an habt ihr alle dunklen Kinder mit abso-
lutem Haß behandelt.

Dreißig Millionen Kinder aus Afrika starben auf dem
Weg zu den amerikanischen Kontinenten, wo sie außer
endloser, mühseliger Plackerei und dem Knallen einer
Ochsenpeitsche nichts erwartete. Sie starben am Mangel
von Nahrung und Bewegung im Bauch der Schiffe. Am
Verlust der Freunde und Verwandten. Sie starben an De-
pression, Verwirrung und Angst.

Was hat der weiße Mann der schwarzen Frau zu
sagen?

Sehen wir uns um: Sehen wir uns die Welt an, die der
weiße Mann für die schwarze Frau und ihre Kinder ge-
schaffen hat.

Es ist eine Welt, in welcher die schwarze Frau noch im-
mer gezwungen ist, billige Arbeitskraft zu liefern, in Form
von Kindern für die Fabrik-Farmen und die Montage-
Fließbänder des weißen Mannes.

Es ist eine Welt, in die der weiße Mann jede üble, die Persönlichkeit auslöschende Droge wirft, die er in die Schöpfung schmuggelt.

Es ist eine Welt, in der viele unserer Babys bei der Geburt sterben, oder später an Fehlernährung, und viele andere aufwachsen, um in solchem Elend zu leben, daß sie gezwungen sind, den Tod durch eigene Hand zu wählen.

Was hat der weiße Mann der schwarzen Frau zu sagen, und allen anderen Frauen und Kindern überall?

Bedenken wir die Auszehrung der Ozonschicht: bedenken wir die Obdachlosigkeit und die nukleare Gefahr; bedenken wir die Vernichtung der Regenwälder – im Namen des allmächtigen Hamburger. Bedenken wir die vergifteten Äpfel und das vergiftete Wasser, die vergiftete Luft und die vergiftete Erde.

Und daß alle unsere Kinder, wegen des Anschlages des weißen Mannes auf den Planeten, die Chance haben, eines frühen Krebstodes in fast unmittelbarer Zukunft zu sterben.

Was hat der weiße männliche Gesetzgeber zu irgendeiner von uns zu sagen?

Zu jenen von uns, die das Leben zu sehr lieben, um willig mehr Kinder auf eine von Tod gesättigte Welt zu bringen.

Abtreibung ist für viele Frauen mehr als eine Leiderfahrung, wie die meisten Männer sie nie erleben werden, sie ist ein Akt der Barmherzigkeit und ein Akt der Selbstverteidigung.

Die Abtreibung wieder illegal zu machen bedeutet, Millionen von Frauen und Kindern zu einem elenden Leben zu verurteilen, und zu einem noch elenderen Tod.

In Anbetracht seiner Geschichte, im Verhältnis zu uns, sollte sich der weiße Mann, wie ich meine, schämen, wenn er versucht, im Namen der ungeborenen Kinder der schwarzen Frau zu sprechen. Uns zu zwingen, für ihn Kinder zu haben, damit er sie verspotten, süchtig machen und zu Mördern und heimatlosen Wanderern werden lassen kann, ist ein Zeugnis für seine Heuchelei.

Was hat der weiße Mann der schwarzen Frau zu sagen?

Nur eine Sache, die sich die schwarze Frau vielleicht anhören würde.

Ja, tatsächlich, kann der weiße Mann sagen, eure Kinder haben das Recht zu leben. Darum werde ich jene dreißig Millionen aus dem Tod zurückrufen, die während der Jahrhunderte des Sklavenhandels über Bord geworfen wurden. Und die weiteren Millionen, die auf meinen Baumwollfeldern starben und an meinen Bäumen aufgehängt wurden.

Ich werde all jene zurückrufen, die während der beleidigenden Rassentrennung an gebrochenem Herzen und gebrochenem Mut starben.

Ich werde all die Mütter erwecken, die nach dem Gebären von einundzwanzig Kindern erschöpft starben, weil sie von Sonnenaufgang bis -untergang auf meiner Plantage arbeiten mußten. Ich werde die volle Gesundheit all jener wiederherstellen, die aus Mangel an Nahrung, Obdach, Sonnenlicht und Liebe zugrunde gingen; und an meiner Unfähigkeit, sie als menschliche Wesen anzuerkennen.

Aber ich werde sogar noch weiter gehen:

Ich werde dir sagen, schwarze Frau, daß ich Vergebung für meine Sünden haben möchte, die ich täglich gegen dich und deine Kinder begehe. Denn ich weiß, solange ich deine Kinder nicht mit Liebe behandle, können meine eigenen mir nicht trauen. Und auch ich selbst kann mich nicht achten.

Und ich werde deine Kinder von der beleidigend hohen Kindersterblichkeitsrate befreien, von kurzen Lebensspannen, fürchterlichen Wohnbedingungen, Nahrungsmangel und überall drohender schlechter Gesundheit. Ich werde sie aus dem Ghetto befreien. Ich werde die Türen aller Schulen, Krankenhäuser und Geschäfte der Gesellschaft weit für deine Kinder öffnen. Ich werde deine Kinder betrachten und keine Bedrohung in ihnen sehen, sondern eine Freude.

Ich werde mich als Hindernis zurückziehen vom Pfad zum Licht, den deine Kinder, gegen alle Übermacht, begehen. Ich werde sie nicht umbringen, weil sie Träume träumen und Visionen von neuen Lebensmöglichkeiten anbieten. Ich werde mit dem Versuch aufhören, deine

Kinder zu führen, da ich begreife, daß ich nie verstanden habe, wohin ich selbst gehe. Ich erkläre mich einverstanden, mich für ungefähr ein Jahrhundert still hinzusetzen und darüber zu meditieren.

Das hat der weiße Mann der schwarzen Frau zu sagen.

Wir lauschen.

ARMAH OCTOBER 12, 1990

He came
in flowing robes
smelling
delicious.
My brother
from across the ocean.
My brother
from Africa.
How strong and slender
his body
feels
in my embrace.
How black and glowing
is his skin.
How warm
his eyes.
He is a beauty
I did not dare to dream
before I saw him.
I did not wish
to hurt
myself.

ARMAH, 12. OKTOBER 1990

Er kam
in wallenden Gewändern
köstlich
duftend.
Mein Bruder
von jenseits des Meeres.
Mein Bruder
aus Afrika.
Wie stark und schlank
sein Körper
sich anfühlt
in meinen Armen.
Wie schwarz und glühend
seine Haut ist.
Wie warm
sein Blick.
Er ist eine Schönheit
von der ich nicht zu träumen wagte
bevor ich ihn sah.
Ich hatte nicht den Wunsch
mir
weh zu tun.

But now I sing
his beauty
both spirit
and body
my soul
content.

My brother looks
and speaks
and listens
the way
he writes.

It is heaven
to me
to see
the shape
of his lips
as he speaks
the curve of his
ear
as he listens
the eloquence of his palms
resting on the shoulders
of his sons.

To hear
the quiet rumble
of his voice

Doch nun preise ich
seine Schönheit
sowohl des Geistes
wie des Körpers
mit zufriedener
Seele.

Mein Bruder sieht aus
und spricht
und hört zu
so
wie er schreibt.

Es ist himmlisch
für mich
die Form
seiner Lippen
zu sehen
wenn er spricht
die Rundung seines
Ohrs
wenn er zuhört
die Beredtheit seiner Handflächen
auf den Schultern
seiner Söhne.

Zu hören
das leise Grollen
seiner Stimme.

My brother
has written books
that slayed my fear.
My brother
the writer
looks
and speaks
and listens
the way
he writes.

Now I have more
than his books
to love.

Mein Bruder
hat Bücher geschrieben
die meine Angst erschlugen.
Mein Bruder
der Schriftsteller
sieht aus
und spricht
und hört zu
so
wie er schreibt.

Jetzt habe ich mehr
als nur seine Bücher
zu lieben.

THE AWAKENING

for S.

When we met
we were already
friends.
Though I did not
know
who you were
or who
I was
at the time.
Me, old enough
to be your mother.
You
beautiful enough
to be
my son.
The how the why
the when of it
puzzles me.
As if middle age
which I neither
anticipated
nor feared

DAS ERWACHEN

für S.

Als wir uns trafen
waren wir bereits
Freunde.
Obwohl ich nicht
weiß
wer damals
du warst
oder wer
ich war.
Ich, alt genug
deine Mutter zu sein.
Du
schön genug
mein Sohn
zu sein.
Das Wie, das Warum,
das Wann
stellt mich vor Rätsel.
Als wäre das mittlere Alter
das ich weder
vorwegnahm
noch fürchtete

were merely
an opportunity
to redirect
one's way.
I long to watch
you sleep
in the night.
To find my new
self
awake
in your lightening dark
eyes
in the day.

lediglich
eine Möglichkeit
die Richtung
neu zu bestimmen.
Ich sehne mich danach
dich nachts
schlafen zu sehen.
Am Tag
mein neues Ich
wach
in deinen blitzenden dunklen
Augen
zu finden.

WE HAVE A BEAUTIFUL MOTHER

We have a beautiful
mother
Her hills
are buffaloes
Her buffaloes
hills.

We have a beautiful
mother
Her oceans
are wombs
Her wombs
oceans.

We have a beautiful
mother
Her teeth
the white stones
at the edge
of the water
the summer
grasses
her plentiful
hair.

WIR HABEN EINE WUNDERSCHÖNE MUTTER

Wir haben eine wunderschöne
Mutter
Ihre Hügel
sind Büffel
Ihre Büffel
Hügel.

Wir haben eine wunderschöne
Mutter
Ihre Ozeane
sind Schöße
Ihre Schöße
Ozeane.

Wir haben eine wunderschöne
Mutter
Ihre Zähne sind
die weißen Steine
am Saum
des Wassers
das sommerliche
Gras
ihr üppiges
Haar.

We have a beautiful
mother
Her green lap
immense
Her brown embrace
eternal
Her blue body
everything
we know.

Wir haben eine wunderschöne
Mutter
Ihr grüner Schoß ist
unermeßlich
Ihre braune Umarmung
immerwährend
Ihr blauer Körper
ist alles
was wir kennen.

ONCE, AGAIN

Once again simple
Once again childlike
The poem opening out
into the grass.

NOCH EINMAL

Noch einmal einfach
Noch einmal kindlich
Das Gedicht öffnet sich
hin zum Gras.

EDITORISCHE NACHBEMERKUNG

Dieser zweisprachige Band enthält die große Mehrheit der in der amerikanischen Ausgabe *Her Blue Body Everything We Know* (zweiter Teil) gesammelt veröffentlichten Gedichte von Alice Walker; jene also, die ursprünglich in zwei amerikanischen Bänden unter den Titeln *Good Night, Willie Lee, I'll See You in the Morning* und *Horses Make a Landscape Look More Beautiful* erschienen, sowie vordem noch nicht in Buchform publizierte Gedichte. Dem ersten Teil der amerikanischen Ausgabe entspricht der Band Alice Walker: *Ihr blauer Körper. Gedichte I*, rororo 1290, 1993.

Aus Gründen der Übertragbarkeit und des Umfangs wurden in den vorliegenden Band einige Texte nicht aufgenommen, deren Titel beziehungsweise Anfangszeile wir auf Wunsch von Alice Walker hier nennen: «Threatened», «Confession», «The Instant of Our Parting», «Janie Crawford», «Now That the Book is Finished», «Having Eaten Two Pillows», «Light Baggage», «In Uganda an Early King», «‹Women of Color› Have Rarely Had The Opportunity To Write About Their Love Affairs», «January 10, 1973», «These Mornings of Rain», «Listen», «Attentiveness», «Every Morning», «Mississippi I–IV», «Killers», «I Said to Poetry», «Overnights», «If Those People Like You», «I'm Really Very Fond», «Representing the Universe», «Family of», «Each One, Pull One», «Who?», «No One Can Watch the Wasichu»,

«The Thing Itself», «Torture», «Well». «Song», «Some Things I Like about My Triple Bloods», «Pagan», «Natural Star», «If There Was Any Justice», «Beast», «a woman is not a potted plant», «Winnie Mandela We Love You».

INHALT

Stories

Angela Carter (Hg.)
Füchsin, Dummerchen und Zauberin *Märchen aus aller Welt*
(neue frau 12889)

Anne Devlin
Die Reise nach Anderswo *Stories*
(neue frau 12475)
Die junge irische Autorin besitzt einen untrüglichen Blick für alltägliche Situationen, die unzählig andere blitzartig erleuchten. Ihren Geschichten muß man einfach zuhören.

Deborah Eisenberg
Reisen mit leichtem Gepäck *Stories*
(neue frau 12877)
In jähen Wendungen und geschliffenen Dialogen seziert Deborah Eisenberg das amerikanische Großstadtleben der achtziger Jahre. «Wann immer ein wirklich guter Schriftsteller in Erscheinung tritt, wird ein neues Fenster zum Leben geöffnet. Das ist hier geschehen.» *John Updike*

Gisela Krahl (Hg.)
Auf Zungenspitzen *Geschichten vom Einverleiben Anthologie*
(neue frau 13167)
Eine würzige Sammlung erotischer Geschichten und kulinarischer Krimis.
Auf dem Sprung *Geschichten vom Erobern*
(neue frau 13332)
Geschichten von beruflichen und privaten Karrieren. Vom Erklimmen der Leiter und vom tiefen Fall, von harten Ellenbogen und weichen Knien und vom Jagen und Wildern in Lustgärten.

Rosa Liksom
Schwarze Paradiese *Stories*
(neue frau 13025)
Verlorene Augenblicke *Stories*
(neue frau 13005)

Sindiwe Magona
An die Kinder meiner Kinder *Erzählung*
(neue frau 13027)

Ljudmila Petruschewskaja
Unsterbliche Liebe *Erzählungen*
(neue frau 13165)
Die Autorin zeigt in Ihren Geschichten das «andere Moskau», das inoffizielle Moskau in ihrer Nachbarschaft, in ihrer eigenen Wohnung, in sich selbst.

Marina Palej
Die Cabiria vom Umleitungskanal *Erzählungen aus Rußland*
(neue frau 13196)

rororo neue frau wird herausgegeben von Angela Praesent und Gisela Krahl. Ein Gesamtverzeichnis der Reihe *neue frau* finden Sie in der *Rowohlt Revue*. Jedes Vierteljahr neu. Kostenlos. In Ihrer Buchhandlung.

rororo neue frau

Hanan Al-Shaykh
Im Bann der High-Tech-Harems
Roman
(neue frau 12958)
Vier arabische Frauen im
futuristischen Luxus einer
Erdöl-Metropole träumen von
Unabhängigkeit und der
Flucht aus ihrem goldenen
Käfig.

Celia Correas de Zapata (Hg.)
Samt und Rache *Südamerikane-*
rinnen erzählen
(neue frau 13086)

Tsitsi Dangarembga
Der Preis der Freiheit *Roman*
(neue frau 12956)
«Viele gute, von Männern
geschriebene Romane sind in
Afrika entstanden, aber
wenige von schwarzen
Frauen. Das ist der Roman,
auf den wir gewartet haben.»
Doris Lessing

Veronica Doubleday
**Die Kluge, die Bedrückte, die
Unabhängige** *Drei Frauen in
Afghanistan*
(neue frau 12388)

Isabelle Eberhardt
Sandmeere 1 *Tagwerke. Im
heißen Schatten des Islam*
(neue frau 5231)
Sandmeere 2 *Notizen von
unterwegs. Vergessens-
sucher. Islamische Blätter*
(rororo neue frau 5232)
Isabelle Eberhardts Erzählun-
gen, jüngst neu entdeckt, sind
äußerst verdichtete Stimmungs-
bilder, erfüllt von glühender
Farbigkeit und Sinnlichkeit.

Aicha Lemsine
Die Entpuppung *Ein
Entwicklungsroman*
(neue frau 4402)

Tsitsi Dangarembga
**DER PREIS
DER FREIHEIT**
Roman

rororo

Sarah Lloyd
China erfahren Ein Reisebericht
(neue frau 12339)

Thi Hoai Pham
Die Kristallbotin Roman No. 1
(neue frau 13084)
Mit verblüffendem Witz und
Weltoffenheit beäugt die
junge vietnamesische Autorin
die menschliche Komödie.

Ntozake Shange
Schwarze Schwestern *Roman*
(neue frau 5344)

Marjorie Shostak
Nisa erzählt *Das Leben einer
Nomadenfrau in Afrika*
(neue frau 4978)

rororo neue frau wird
herausgegeben von Angela
Praesent und Gisela Krahl.
Ein Gesamtverzeichnis der
Reihe finden Sie in der
Rowohlt Revue. Jedes Viertel-
jahr neu. Kostenlos. In Ihrer
Buchhandlung.